This Was Our CHILDHOOD

[Así fue Nuestra Niñez]

By
Teresita Luévano

Printed in the United States of America
First Edition Printing

Design by
Arbor Services, Inc.
http://www.arborservices.co/

ISBN: 978-0-692-73683-8
LCCN: 2016909781

1. Title 2. Author 3. Memior

Table of Contents

Based on a True Story

INTRODUCTION

In the following pages I, Rosa, take you through my life, from childhood to the present. I recall times of struggles, abuse, and good memories. This book began as a journal, and because I wrote thoughts down as they came to me, not all parts are in sequential order. Names of people and places have been changed, but the story remains the same. My hope is that my story will touch someone's heart, and bring attention to issues of child, domestic, and animal abuse.

This Was Our Childhood

Chapter 1

The Beginning

February 24, 1941 my father, Serafino, married my mother, Josie, in a small town in Northern Mexico called La Paz. La Paz translates to "The Peace". The name of the town is ironic because, soon after they were married, my father began physically and mentally abusing my mother. Peace is one thing that she never had with him. In 1943, their first son James was born. Soon after, the abuse grew to include him.

According to my grandmother, when James was just a few months old, my father had once lost his patience with James, because he was crying, and tried to kill him with a hatchet. The following day, while my father was at work, my mother put some clothes in a bag and asked a neighbor to help her get away from the abuse that they were suffering at my father's hand. She got a ride to the town that her mother, my grandmother, lived. She explained the situation and stayed there. Most of what I know about things that happened before I was born, I found out from two of my older sisters and my grandmother.

While my mother and James lived with my grandparents, the boy had a very nice childhood. My grandparents loved him very much and would often spoil him. For some reason, after being separated for seven years, my parents decided to live together again. They took their son, who was now seven years old, to live with them. It wasn't long before the abuse of the boy and my mother started all over again.

One Sunday, when James was nine years old, he was walking to church when he saw the owner of the nearby store, slowly approaching in his truck heading in the same direction. James grabbed on to the side of the pick-up truck to hitch a ride, but couldn't hang on. He fell and died as the trucks rear tire crushed his head.

Though it all appeared to be an accident, my father lost his temper with the owner of the truck. At that time, there wasn't any established law enforcement in our town. Issues were settled on your own. To put an end to the problem, the man gave my father a sum of money. My father used that money to buy plots of land on which we planted corn, beans, and fruit trees. He also purchased cows, mares, calves, pigs, mules, lambs, turkeys, and chickens.

By that time, my mother had already had her second child, a daughter they named Lucretia. As the years went by, the rest of us were born, one after the other, with a year and a few months in between. Castor, Beatrice, Leticia, Frank, John, and then James, who was named after our deceased brother. I,

Rosa, was next, born May of 1961. The youngest, Alfredo, followed soon after. All the girls had green eyes and blonde hair besides myself. I'm brunette, with brown eyes. The boys were tan skinned with brown eyes, besides John who was blond with green eyes.

Most of us have never seen a picture of when we were born or as infants. I have seen one black-and-white photo of Lucretia and Castor from when they were about two or three years old. I've also seen a color photo of my sister Beatrice. A professional studio picture taken when she was seven or eight, wearing her dress from her first communion. That photo was taken when she lived with my grandmother. There might be one or two black-and-white pictures of each of us when we were in school. I've never seen pictures of my parents from when they were young. I've seen one black-and-white picture of my mother from when she might've been around 34 years old. I don't remember seeing any photos of my father from when he was young.

Chapter 2

The Daily Grind

In those days, wherever we went, it was on foot. To church, the store, school, everywhere. We would walk to school at eight in the morning, and walk back home at two in the afternoon for lunch. By three in the afternoon, we were back in school, and out at five. Eventually another school was built, but it was farther from our home.

There was a doctor that lived across the street from the school to whom my parents sold milk to for years. On our way to school we had to take the pot of milk to the doctor and pick up the empty pot on our way home. The doctor paid monthly. My father would use that money to buy a big box of lard, a large sack of sugar, and a large sack of flour.

One day, the cows didn't get milked until the sun was coming down. My sister Leticia was sent to deliver the milk by herself. By then it was dark. When she got to the river, where she had to cross, she got so scared that she dropped the milk in the river and ran back home. As it came closer to the end of the month Leticia worried that my parents would notice that she didn't take the milk. When the payment was due, she lucked out because the doctor paid for the whole month. My parents never found out.

One of our daily chores was to sweep the yard. Though the yard was all dirt, chickens and other animals would be in the yard feeding and leaving their feces around, so it had to be swept often. It was a big yard and a tiresome job. We used a "taraiz" broom, which is made of very thin branches tied together. We used another broom made of straw to sweep the house.

When it was time to shear the wool off the lambs, my brothers would do the shearing, and the rest of us siblings would wash it thoroughly, and lay it out to dry under the sun. My father would then have blankets made from that wool.

When my father would send my brothers to fetch the cows from grazing, they would go on horseback. If they came across a cow that had just given birth or was nursing, they would lift its calf onto the horse with the rider and bring them back to the corral. Once the corral was filled with cows my brothers would help my father brand them, to mark them as his.

Back then, they plowed the land with a plow pulled by mules. My father would have James, Alfredo, and myself, who was around six or seven at the time, sow the seeds while my older brothers would come up behind us, plowing with the animals to cover the seeds. Sometimes I would trip and fall with the seeds.

My father would yell at me, "Lift those legs, you lanky girl!"

We were afraid of the animals when they would get too close to us but even more afraid of my father when he came around to check on our progress because it usually resulted in a reprimand, at the very least.

Sometimes he would yell and curse at us and beat us with his hands or with any other nearby object. He kept us fearful while we worked. All of us helped him work year after year, season after season. Without his sons and daughters my father would never have been able to harvest the crops. There's no way he could have done all that work without help.

The house had an adobe oven outside that was used for making bread. When it rained, the adobe would soften up and, if my father wasn't around, we would climb on top of it and jump, until it collapsed, little by little. One time my father swung at John with an iron pulley wheel. John climbed on top of the adobe oven and hopped over the adobe fence that was next to it, barely avoiding the hit.

Chapter 3

The Well

Back then, we had to get all our water from a well. The well was at the bottom of a hill behind the house. Standing at the bottom of the hill you could barely see the top of the house. We had to lug the water in pails up that hill for everything. There were times when the pail would accidentally drop to the bottom of the well, which was twenty-four meters, almost 80 feet deep. My father would tie an end of a rope around one of my brothers and send them down while he was at the other end. I was always afraid that he would drop them one day. One time that the lid was off the well and my father was nearby, he tripped, and barely saved himself from falling inside.

To get the pail to the water, the cable holding the pail would unwind through a pulley. Someone would wind the cable while someone else waited for the pail to come up and pull it to the side. When I was younger, it used to scare me when I had to grab the pail because, being short, one had to lean in to grab it. Several years ago, a mule fell in the well and died. It had to be tied up and pulled out with a tractor.

When we did laundry, two of us would carry the tub full of clothes, covers, sheets, and anything else that needed washing, down the hill to the well. All the washing was done by hand. There were times when we would last all day. The whites would be washed, rinsed, and then placed in a tub with water. Then we would make a wood fire by the well to boil the whites with water and soap. When they were done boiling we would hang them on the mesquite trees to dry under the sun.

There were times when we would carry the tub down to the well and my mother would do the wash. Those times me and my siblings where left to do the housework and the cooking. Of course, my father could afford a washing machine, but he was so tight with his money, and preferred that we did it by hand. They have an old wringer type washing machine now. I don't know who bought it, but they've rarely used it.

Sometimes when the water was clear, we would wash the clothes in the river. It was much better because we didn't have to pull water from the well. We would go down the hill with the tub full of clothes, wash. Then we'd lay them out to dry on a patch of tightly packed rocks that had been washed by the river.

Back then, we ironed the clothes with actual, old school, heavy irons. It was the way most people ironed when there was no electricity in town. We would put wood in the stove and light the fire to heat the irons, and iron clothes for hours.

Sometimes, if the weather was nice and the water was clear, we would bathe in the river, but usually to bathe, we had to get the water from the well, heat the water and bathe in a tub. We suffered through the cold in the winter season. The only warmth in the house was in the kitchen with the wood-burning stove. We'd put the tub right next to it and bathe there in the kitchen. We didn't have any air conditioning or even fans in the summer, so that was just as bad as the winter. During the hot season, we would usually have the tub in one of the rooms. Along with no running water, we also didn't have a toilet. If we had to go it was usually in any private or hidden spot outside. If we had the urge at night, we'd usually go in the dark to the corral.

We had to split tons of wood because the wood stove was used often. We had a gas stove in the kitchen that ran off a small propane tank. It was rarely used because it consumed gas, and gas cost money that my father wasn't trying to let go of.

On one occasion, we ran out of gas and my father yelled, "It's already used up!"

Though we had that same tank for six months, to him, we used it to fast.

My father didn't allow us to leave the pilot flame on to the gas stove. Between the gas and wood burning stove we used a lot of matches and lighter fluid. They probably spent more on matches and lighter fluid, than they would have leaving the stove's pilot light on.

Chapter 4

Alone in the Darkness

There was a room at the pasture where my father would keep us when we worked with him. That room is basically an adobe shed, with one window to the rear, and the door in the front. It didn't have electric lighting, and it was out in the middle of nowhere. When Alfredo was seven years old, he was left alone in the room by the pasture. Alfredo said that he was so scared that he left and went to the corral. Once inside the corral he stood on a bench to climb on a mule. He slept mounted on that mule until dawn.

When I was nine years old, my father would also leave me there alone at night, watching over a heap of beans. I would sit on the ground with my head down. I would close my eyes because it frightened me to look around in the dark. I remember that I could hear the coyotes howling close by and all I could see out there was the sky, outlines of the hills, and in the distance the lights of some small ranches. It was November and the night was very cold. I didn't have a jacket or clothes suitable for cold weather to keep myself warm. I just sat there with my head down, lonely, scared, and freezing. Once, I was there alone and someone knocked on the window, frightening the life out of me. It was a little Indian boy asking for food. I gave him tortillas and what food I had and he left.

Another time they left me there, I ran off because I couldn't stand how scared I was. I left on foot at night, passing the brooks, hills, and the trees until I reached Rafaela's house. My sister-in-law hid me under the bed, and I stayed there for a long time. By the time, I went home, everybody was asleep. The following day when my father saw me, he beat me so hard with the switch that he used to beat the animals. There was no one home, so he beat me for as long as he felt like it, leaving welt marks all over the back of my body.

When I was eight years old, my father would take me with him to the pasture to make him meals. Though it was daytime, I was very scared, because I would be left alone while every-one else was out working. I couldn't see my brothers at work because the room was at the bottom of a hill, like in a small valley. One time, I was running away from my parents because they wanted me to stay alone at the pasture. They chased me, caught me, and took me to that room, where they left me alone. I would just sit there scared and crying.

Inside the room, there was a beam on one side of the wall. On the other, they hung the saddles, reins, ropes, and all that was needed for the animals. Right next to that was a wood stove, a hand mill to grind the corn, and a little table with two chairs. There was a time when my father built a fence that took up most the space in that room, to store the corn cobs. There was just enough room left to get in and out. Since the beam on the open side of the room was now fenced in we would sleep on top of the corncobs. One time while sleeping there, a grain moth flew into my ear. I would feel movement and hear the buzzing. My ear hurt for days. When it suddenly stopped bothering me I figured the moth must've died in there.

When I had to walk to the room at the pasture alone, I had to walk a long trail that went past a ditch. For some reason, when I came upon that ditch, I would always get a very uneasy, frightened feeling. I couldn't help feeling that fear every time I would go there. Another time my mother sent me to the pasture, I was walking with my gaze down, when I nearly stepped on long snake. Of course, my first reaction was to panic. I collected myself and grabbed a stone to throw at it to scare it away. It worked, and the snake crawled in a hole next to a nearby tree.

There were times that my grandmother would pay one of my brothers to irrigate her land for her. On that land, there was also a small adobe room. John says one night that he was done irrigating my grandmother's land, he walked to the room, entered and saw someone's shadow standing there. Alfredo was holding a shovel.

When he raised it to strike, a man spoke, "It's me."

Afredo recognized the voice, as that of a man who lived in town.

"You scared me!," my brother said. "I almost hit you with the shovel."

The man was purposely trying to scare him as a joke, but it goes to show how vulnerable we were out there.

My father would, sometimes, stay alone in the pasture. It was like a breath of fresh air for us when we knew he wasn't coming home because we knew no one would be getting beat that night. He stopped staying at the pasture because he said there were nights when he was sleeping that he would wake up feeling pressure on his body as if someone was pushing down on him.

Another time that we went to the pasture as children, Alfredo and I went on horseback. Alfredo was riding on the saddle, with me right behind him on the horse's haunches. On the way, we had to pass a narrow ditch. Instead of rounding about some other pass, Alfredo made the horse jump over it. I had no idea he was going to have the horse jump and I fell off. Thank God nothing happened to me. Afterwards, we laughed about it. I climbed back on the horse and we arrived just fine.

Chapter 5

Is Dad There?

As my older bothers grew into young men, they began to be interested in dating. Since they didn't have the money to take a girl out or buy decent clothes, they decided to go work at a local store. My father became infuriated.

He told my mother, "Don't give any food to those bastards!"

My poor brothers would sneak to the back of the house, knock on the window, and ask anyone there if my father was home. Eventually we started placing a red towel on the fence in front of the house as a signal. If the rag was on the fence, it meant that my father was home; if not, it meant that my father was out. If he was gone, my brothers would rush in, eat something, and hurry out.

John caught a lot of beatings during this time. My father once found John inside the house, cornered him in a room, and beat him badly with a chair. We couldn't get my father off him, and had to ask the neighbors to help us pull him off.

One evening my parents were waiting for John to try to sneak into the house. When he came in they threw him to the floor and my mother climbed on top of him and held down his hands while my father cut his hair with the shears that they used to shave the wool off the lambs. They left his hair a mess and accomplished their purpose, that he look bad.

Days before Castor's wedding, John was helping paint the house where he was going to live with his bride. Because John was helping Castor, instead of him, my father threw fit and threw a baseball size rock at him, hitting him in the head and knocking him out cold. They gave him first aid at the house of Castor's neighbor. The neighbors knew the abuse we were living under but no one would help because of the fear they had for my father.

The last straw for John was when my father broke his nose. He left the house with only a few cents to pay for a ride to the city where Frank lived. He arrived in the city without a phone number or address for Frank and was therefore clueless as to how to find him. After a few days, and by complete luck, he ran into the uncle of Frank's, who reunited the brothers.

John told me a story of when my father needed to go into the city to do some shopping and was offered a ride to head out the next day with Don Romero, the local store owner. My father took John, who was very young at that time. For John, it was a big deal because we rarely rode in a vehicle. Much less a big box truck like the store owner had. John was so excited that he barely slept that night. He says that from the town to the city he rode with Don Ramiro and my father in the truck cabin stretching his neck out as far as he could, hoping someone he knew would see him riding in the truck.

On the way home, he asked if he could ride in the back. Don Romero allowed it, as long as he didn't open any boxes.

John said, "I was so hungry in a truck full of tempting food. Eventually I opened a box of bananas and ate as many as my body would hold, then hid the peels behind the boxes."

I remember when John would steal chicken eggs from an old lady's yard, on the way home from school, so he could sell them. One day as I was walking by her house, she called me over and gave me a note to give to my mother about John stealing her eggs. John blamed me for taking the note to my mother and getting caught. We laugh about it now when we talk about it.

Chapter 6

Sundays and Holidays

With my father, it was all work and no play, so you can imagine our excitement when my older brothers found a bicycle that had been washed down by the river. For us, a bicycle was something very special. We weren't used to having stuff like that. We kept it in a room, hidden from our dad and every day, when he wasn't around, we would try to ride it. Since it was the first time any of us had a bike, we had never had the chance to learn to ride. We had almost learned to ride it, when my father saw us in the yard. That's when he found out about the bike. A day or so after that, very early in the morning, I saw that he grabbed the bicycle and, I'm guessing, that he threw it back in the river. The river was running high and fast at the time. Even thinking about it now makes me feel sad for the girl I was back then.

Back in that time, there were some beautiful poplars on one of the river banks laid out in a long rectangle. Sometimes teenagers would have get-togethers there, in the middle of the poplars. They would bring music, and dance. Sometimes they would have backwards rules where instead of the boys asking us to dance, the girls would ask the boys. If people weren't dancing, there would be people picnicking there.

Per Catholic tradition, on the twenty-fourth of June, the day of San John, all water would be blessed at dawn. Adults and children walked around, or hid with water buckets, and would douse anyone caught not paying attention.

When we were children, at times our parents would allow us to play with friends. I remember that my girlfriends and I made a swing by tying both ends to a branch on a large pear tree that was down the hill behind the house. We would take the swing towards the upwards part of the hill, sit down and take flight. The swing would reach to the edge of the embankment over the river. Looking back, if that rope had somehow split, we would have gotten pretty beat up at the very least, but as kids that wasn't something we thought about much if we had a chance to have fun.

My sister Leticia was friends with two sisters, Alicia and Lucina. The three of them would play dolls, and carry out elaborate marriage ceremonies for them. The sisters would buy fabric, and the three of them would make the brides dress and the groom's tuxedo. They would take their time preparing the details before they chose the day for the wedding.

The girl's uncle, Don Ramiro, was the owner of the local store. Leticia would go up to Don Ramiro and ask to borrow the store warehouse. Shed explain that the dolls where going to get married. Leticia says that Don Ramiro would smile and agree to let them use it. As the big day approached, Don Ramiro would have his workers empty the warehouse so that it would be ready for the special day. The weddings went off as if they were the real deal. The town's people would be invited, there would be food, and in the evening, they'd put music on the record player and people would start dancing. I was very little and mostly interested in the food. When the party was over, and everyone started heading home, Leticia would try to take her doll, but Alicia and Lucina wouldn't allow it because the dolls were now "married". Eventually they'd give her back the doll and start the process of marrying the dolls all over again.

When my brother Frank was eight or nine, instead of marrying dolls they married him to Lucina. Lucina's wedding dress was the dress that she wore for her first communion. They did the ceremony and everything again as if it truly were a real wedding.

At times, the three of them would play house, in the trees that were down by the well, behind our house. Alicia used one set of trees for her play house, Lucina used the other set of trees, and Leticia used stones and branches to build hers. Then they would make telephones with cans attached by a string to speak to each other from one house to the other. Playing with friends was always a great diversion from the realities of home, but we knew as soon as we got home it was would be back to the same routine of work and abuse.

During Christmas season, the nativity scene would be set on the church altar. At times, instead of using ceramics or dolls, it would be set up with real people. Once, Joseph was played by our cousin Sergio, and the Virgin Mary was played by our niece, Mabel. They would also use a real baby, lamb, calf, and donkey. It all looked very cool.

My mother would tell us to write a note to baby Jesus, letting him know what we wanted, and stick it in the crack of the door. Supposedly, Baby Jesus would put gifts by children's headboards while they slept. We slept in short burst, wanting to see Baby Jesus. On rare occasions, we would get a toy but usually it was candy, peanuts, and oranges. We would get up early, and start eating the candy, peanuts and oranges, making a mess with piles of shells and peels on the bed.

One year, when Christmas was approaching, I found one hundred pesos, as I was walking to my parents' house. At that time 100 pesos was less than five American dollars. That year I bought my own gifts. A little kitchen set and a ball. Later, I found out that it was my brother-in-law, Javier, who had lost the money. Once we were grown, I told Javier that I had found his money and how I spent it. We had a good laugh over it.

When my friends would get toys and I wouldn't, I remember feeling sad and thinking, *Why not me? I'm a good girl; I behave myself.* One year, Frank had arrived from the United States two days before Christmas and I saw that he hid a suitcase in a closet and locked the door. I found the key to the closet and opened the suitcase. It was full of toys. Christmas Eve came, and we wrote the little note to Baby Jesus asking for a toy. We woke up at dawn, and those toys that I had seen before were now next to the pillows. The toys were for Alfredo, James, and me. We were all happy because we had our toys, but that was when I realized that it wasn't baby Jesus bringing toys. I stopped believing, realizing that the reason we would rarely get toys is because my father was too tight to spend his money on any.

May 20th, was the day we celebrated the establishment of our town, La Paz. People would dress to impress. Catholic mass would be held, and after the festivities would begin. Vending booths would be set up for food and drinks, as well as other booths for games and tents for bingo. There were also carnival rides such as the flying chairs and a Ferris wheel. At night, the dancing would begin.

On the tenth of May, Mothers' Day, we would wake up before it was light out and the townspeople would walk down the streets together while musicians rode in the back of a truck singing Las Mañanitas to the mothers. Las Mañanitas is a traditional Mexican song of celebration that's usually sung early in the morning to whoever you're celebrating.

Each year during the hot season, I don't remember the exact days, the statue of the Virgin Mary would be in town, staying the night in different houses before she went on to the next town. It was a heavy ceramic statue placed in a glass box with roses and decorations at her feet. Two people carried her while the people would sing and pray until they reached the house where she would stay for the night? Every night a different house was chosen for her to stay. They placed her on the altar, and then prayed the rosary and lit fireworks. After the celebration, the people would leave and the statue would spend the night. The following afternoon, the people would get together to sing and pray the rosary while she was carried to the next house, once again. After the Virgin, had been to all the houses in town, they would then take her to another town, and so on until the following year, when we would do it all over again.

In Mexico, the thirtieth of April is the day of the child. Though most families celebrate on this day, my Father treated it like any other day. On the other hand, my father was celebrated every year on the day of his saint. The Calendar of Saints associates each day with one or more saints and my father's fell on the 29th of June. Every year, my mother would start a batch of "Tesgüino" some days before, so that it would be timed just right to drink on the 29th of June. "Tesgüino" is an alcoholic beverage made from corn. You soak the corn in a sack and leave it for days, until begins to grows roots, at which time you spread it out and let it dry naturally under the sun. Once it dried, you'd grind it, boil it, drain it, add a few extra ingredients, and then stir it for hours. When it's ready it's poured into clay pots to ferment. The longer it sits, the stronger it gets. People would gather to drink the Tesgüino. Musicians would show up to play, and sometimes there would be a dance. That day was one of the few days that, usually, there were no arguments or fights. At least that one day every year, we knew we would, more than likely, have a decent day.

Chapter 7

James

With the exception of James, my mother went through labor with all her children at home, via the use of a midwife. My mother had a difficult pregnancy when she was pregnant with James. Because of that, he was the only child born in an actual hospital. My father would go around saying that James had been switched with another baby in the hospital. This was never proven, nor was any attempt ever made.

At times my father would tie up James by his hands and feet using ropes, or chain with a lock. My older siblings remember having seen him tied up from the time he was four years old. Every time it was the same process, they'd tie him up by his hands and feet, beat him, lock him in a room, and they always took his clothes off. There were times when it was very cold, and they wouldn't even give him a blanket. They would tie him to the tree that was in the front of the house, in the dark room, where my father kept the harnesses for the horses, in a room where they kept the feed and in a dark room that was used to store corn and beans that we called the galena. They would tie him up for the simplest of things.

At times, when they locked James up in the feed room, I would sit in that small pen by the door to the feed room, to talk to him. To get to that room I had to go outside, go through a large pen and then a smaller one made of adobe where the horse and mules would sometimes be. In that smaller pen was the door to the feed room. I didn't go every time they locked him up in there because it was very scary for me. Especially at that young age. It was usually at night and at times the animals would get curious and brush up on me. I couldn't go in the room with him, because they would put a lock on the door.

I would sit by the door and tell him, "James, don't cry. I'm sitting here by the door."

He would say, "Don't leave me."

"No, I'll be here," I'd tell him.

I would stay there until he fell asleep, tied up until the following day.

Looking back, I ask myself, *how could my mother could sleep soundly knowing that James was tied up all night?* Many times, when my father wasn't home, it was my mother who would lock him up.

Beatrice and I remember hearing my mother say to my father, "Look, Serafino. I got James all locked up for you."

One time after she'd said that, my father grabbed a rope and beat him until he was literally bathed in blood. Sometimes my father would tell my mother to feed him before exerting his energy on beating James. Once he was beaten and tied up, James would stay locked up for a while. He'd be alone and hungry because my mother wouldn't bother to feed him.

I remember a day when my father sent James, my mother, and myself to fetch some pigs. We went on foot and bought them back on foot. It was a good distance from the house and during the peak of summer so we each brought a water pail to throw water on the pigs so they wouldn't overheat because they were so fat. James didn't go with us because he was sick. When my father seen him lying in bed, he realized that he hadn't gone with us and beat him badly. James tried telling him that he was sick, but my father didn't care and kept on beating him. I remember that time so well because I could never forget how badly he'd been beaten.

Another time, James was tied with lock and chain, to the tree next to the house, when a friend of his walked by. Seeing that James was tied up, the friend went to his house and returned a short time later with several keys. One of the keys fit the lock, and the boy let him loose. Luckily for both of them, my father wasn't home when this happened.

James would, sometimes, not get home on time for fear of my father. My father would go looking for him on horseback. When he'd find him, he would lasso him with a rope like an animal and bring him back to the house, then back to taking off his clothes, beating him, and tying him up.

One day my mother was making tamales and had Lucretia and Beatrice helping. I remember this clearly because I've only seen my mother make tamales three times at the most. That day my father was waiting for James to get home so he could tie him up and beat him. As soon as James arrived my father began beating him and grabbed him up to take him to the tree to tie him up and take his clothes. My sisters-in-law, the wives of my brothers José and Javier, were there and stepped in between James and my father, refusing to allow my father to tie him up and take his clothes.

My brother, Castor, was often involved in the abuse of James. Sometimes Castor would be the one to go looking for James on horseback. When he'd find him, he would lasso him and bring him back to my father so he could repeat the cycle of tying him up, beating him, taking his clothes off, and locking him up.

James told me of a time that he was working in the pasture making a bean *parba*. We would make a by gathering bean-stalks into a big pile, then we would thresh them by having the animals walk on them. This day, Castor was mounted on the horse, walking it through the pile of beanstalks. James was also walking, but like a slave on the beanstalk pile, pulling on the reins of two mules that were also stepping on the bean-stalks, threshing them. The reins got tangled up on James and Castor got off the horse to hit him. James grabbed a pitchfork to defend himself and stabbed a tip of the pitchfork into one of

Castor's legs. As soon as Castor seen that James was ready to defend himself, Castor ran off to tell my father. Knowing that my father would be back to beat him, James ran off and hid in a neighboring ranch.

My father called the police to look for him, with no luck. James eventually took the long walk to Frank's house, who had recently been married. He stayed there a few days until things calmed down, but the same abuse as always awaited him when he got back. James told me of another time when my father was beating him, José, Lucretia's husband, was there and defended him, stopping my father from continuing to hit him.

Another time, when James was a little older, he wanted to buy himself a pair of pants and a hat. He asked my father for some money but my father refused as always. We were gathering the last of the bean harvest and, in rebellion, he grabbed the *rula*, which is what we called the mule drawn wagon, and with help from a friend, James loaded the rula with bean sacks. As they made their way to the store to sell the beans, they saw my father coming towards them, in the distance. James and his friend jumped off the rula, punched holes in the tires, and ran. Of course, my father recognized his rula, and since he couldn't move it, because of the flat tires, he unharnessed the mules and took them back to the corral. Later, James and his friend went and got his friend's father's wagon and transferred the bean sacks from my father's wagon and went and sold the beans.

Afterwards, they returned the wagon to his friend's house, and went to my father's corral and took the horse without my father noticing. They rode the horse to another town and got a ride on a bus to the border. They left the horse behind, and miraculously, somehow the horse made his way back to the corral by himself. James and his friend came here to the United States as illegals. They made it to a town where my sister Leticia was living at the time. They found work and lived there for around two years, until the immigration authorities nabbed them and sent them back to Mexico. In my eyes, he didn't steal those beans. We did the work and somehow had to manage on our own to get clothes to wear. All we wanted was to grow up and get out of that house.

My brother James, who suffered so many injustices at the hands of my parents, has the same name as the first boy that my parents had, who died when he was nine years old. James brings up the memory of that dead son. Of all the brothers, he got the worst treatment. My parents should have loved him for having that same name. Instead my father played the role of torturer for him.

One of several times that James ran away to escape my father's abuse, he left with a friend on a cargo train, determined to make it the United States. They got through the border but shortly after were caught by the immigration authorities. They sent him back to Mexico and right back to my father's abuse. James eventually ran away again looking for work in the city.

He lasted a few days lost in the streets of a city that he didn't know. An aunt of ours, my mother's sister, found him wandering the streets.

I spoke on the telephone with my brother James and told him everything that I remembered of the things he went through.

I asked him, "What else do you remember? What else happened to you that I didn't see?"

He told me that my father had once knocked him out with a large wooden tray. Since then he began having fainting spells while in school. He told me that when he was eight or nine years old my father sometimes left him alone overnight, guarding the pile of beans, on one of his lands that we called *The Ojito,* or little eye. That was another one of my father's properties where we would plant corn, and sometimes beans. It was November or December and it would get cold in the evenings. James says he made a shelter with the *tazoles.* The tazol is the beanstalk that's left after threshing and used for animal feed. He said he would crawl inside to keep warm since he didn't have a blanket. At sunrise, the cold and the mice would wake him up. While my father and my mother slept nice and toasty, he would be freezing stiff out there alone.

My mother and father engaged in this cruelty for years. They were people who had become diseased by an addiction to violence and abuse. To this day, I feel sorry for James. It seems as if they never loved him. I figure, if they didn't love him, fine, then don't love him, but why make him suffer? What could a young child have done to deserve such cruel punishment? They had no reason to treat him that way. He was a defenseless, innocent boy.

In January of 2007, there was a very bad fight involving Castor, James, and my sister-in-law, Castor's wife. I was told that my sister-in-law bore much of the blame for this quarrel. My father has always helped Castor and despised James. James's anger was such that he broke one of their doors, grabbed my sister-in-law by her hair, and I believe he even laid a hand on my father. Castor and my father called the police. When they arrived, they took James away.

Castor and my father paid money for them to take him from the jail in town to another jail in the city. James only spent one night there. So many injustices that my father did to us, and when my father was summoned to appear in court, it was to speak against one of us, James. Friends and family showed up to testify and speak on James's behalf. The judge took notice of some of the injustices that my parents had done to him and James was set free. Neither their money nor their words had any weight with the judge. I imagine that it must have pained my father and Castor very much to have spent that money just to see James released.

When I went to Mexico for my niece's baptism, my bother-in-law Javier had given slingshots to James's boy and to my two boys, who at the time were little. My boys were shooting their slingshots by the little plaza that was a little way behind the church. The boys were not hurting anyone. James's boy was not doing anything wrong; his slingshot was in his pants' pocket. My father didn't like that the boys were playing with their slingshots. When the mass began, the children were the last to go in. My father was waiting for them at the door. When they came near him he slapped James's son on his face. The poor boy didn't do anything wrong. This memory of his grandfather has stayed with him to this day. It hurt and angered the boy's mother, Veronica. She cried, out in anger, sadness, and frustration. How could she not? My father didn't even respect the church. My mother told Veronica not to tell James that my father hit the boy. There were times when the granddaughters, Anabel, Ariel, and Adie, also received some form of physical punishment from my mother and father.

Chapter 8

Mother

My mother and father went to mass every Sunday at the Catholic Church in town, but it was all to keep up appearances. They never acted like religious people outside of the church. Though my mother was in no way innocent, she was often herself the victim of my father's abuse. I remember my mother crying while she did her household chores after my father would beat her in front of us. There were times my father would hide her dentures to punish her. Once, my father was going to hit my mother with an iron bar because she had gone to church without leaving any food prepared. He threw the bar at her, but my sister-in-law, Sulia, was able to pull my mother aside just before the bar hit her.

On one occasion that we had taken a trip to Mexico to visit, we were going to the city where my sister Beatrice lives, to visit her and her family. At that time my father wasn't home, and we invited my mother to come along. She didn't want to go because she had to make supper for my father. My sister-in-law, Rafaela, told her to go ahead and that she would make my father's supper for him when he got home. My mother reluctantly agreed to go. Just as we were about to leave, my father arrived. We were all sitting in the van, ready to go when my father told her she wasn't going anywhere. My father had a garden hoe in his hand and he gestured with it as if he wanted to hook her by the neck.

He yelled at her, "Get off that van! You're just looking for any chance you can get to take off."

As expected, my mother got off the van and we made the trip without her.

My father was such a possessive, chauvinistic, and authoritarian man. My mother literally did everything for him. Even if she was sick, she had to get up to tend to him, instead of tending to herself, or him tending to her. Of course, her own husband could care less that she was sick, as long as his needs were met. He also worked her like a slave. He had no compassion for her or anyone else. After all of us siblings had left the house, my father's abuse of her continued.

In Mexico, one usually must pay upfront for services. Some years back, my mother got so sick that she had to spend a few days in the hospital. My father found it hard to have to fork out money to pay for the hospital bill. He even said that we, meaning my siblings and I, should go to the hospital in sandals so that the doctor would see that we were poor. By doing that, he thought the doctor wouldn't charge so much. Another time, my mother got some kind of infection or sickness in her eyes.

They operated on the first one, but my father didn't want to pay for the second operation.

He said, "She's got enough with one eye."

They fought so much about getting the second operation, but she finally got it done.

Things would usually go worse for us kids when my mother and father were happy, though. My mother, instead of protecting us, would tell our father whatever we did or didn't do. Not having done the dishes was enough to earn us a beating. My mother was often my father's accomplice and would join him in our beatings.

My mother enjoyed visiting the neighbors, my aunt, and our godmothers, but she did so, only when my father wasn't home. She would leave us kids to do the household chores so that when my father got home it would appear as if she stayed busy all day. If we didn't get something done while she was out, she would punish us, or she would tell my father that we hadn't done it, but she would never tell him that she had just returned from being out. My mother loved to drink soda, but even that, she would have to drink behind my father's back.

My mother was great at sewing clothes. She made the shirts for my brothers and my father, the skirts and blouses for herself, and for us girls, she made dresses. They rarely bought any clothes from a store. They would purchase the fabric, and every once in a great while she would sew one of us a dress. Not only did my mother make clothes, but she also made all our bedding. Everything from the mattresses to the pillows, which she made from sheep wool. My mother also made our backpacks, which we called *chimecos*. She would make them from the cloth sacks that the sugar and flour came in.

As a girl, I wanted to learn how to sew. I would stand near my mother, trying to learn by watching her. When she'd notice me, she would send me off to do chores or some other errand. She never took the time to teach me.

I once asked my mother to let me apply for work at the neighborhood store. Later on, I also asked her to let me go to the city to work with a friend.

Both times she answered, "What for? You're not good for anything."

I answered her, "They'll teach me what they need me to do."

In the eyes of my parents we were only qualified to work for them. Even though we did everything from basic chores, to field work, to milking cows, both of my parents still called us idiots. I felt as if my self-esteem was scraping the floor.

One day, while my mother was staying at Lucretia's house for a while, she was talking to herself out loud, saying how worried she was about Caster.

I asked her, "Why do you worry so much about him? He's a grown man that knows what he's doing. And mom, why were you and dad so bad to us as children?"

She replied in a loud voice, "When? You liar!"

I said, "Let me remind you one time out of the many. Why did you tie up James, lock him up, beat him, and take away his clothes? And why do you only love Castor if you have eight other children?"

My voice broke, and I was almost to the point of tears as she stood up and walked out. I went after her and convinced her to get in the car. I drove around the lake outside of town, to give us both a chance to cool off before taking her to my sister's house.

When I had dropped her off she told my sister that I had hurt her feelings, and God knows what else she might have told her. When she went back to Mexico again, she went and spread a story about how I was going to throw her in the lake. Not only is that something I wouldn't do but we didn't even get out of the car when we did go to the lake.

Even in the last stages of her life, she refuses to change and any chance she gets, she'll continue to do us harm. That's how she was with my father, she would tattle about things that sometimes weren't true. Now I feel pity for my mother. She never knew how to appreciate her children, and now that she's an old lady, it's too late.

Chapter 9

Penny Pinching

For as long as I can remember, Beatrice has lived in a city that's about 72 miles away from my parent's house. Even though Beatrice endured a similar childhood as the rest of us, once all our siblings moved out of my parents' house, she would often drive over to check on our mother and father to see how they were doing. Not once have they ever thanked her. On the contrary, they were always looking over her as if she were going to steal something. They treated the rest of us the same way. Even if we were thieves, there's nothing there of value that we'd want. Every corner of that house, every object, only brings up sad memories.

   To this day, all the tables, beds, and everything else from the time we were little remain the same. The house has deteriorated because my father never made any repairs. Even when we painted the rooms of the house we never painted them with actual paint. We would use lime mixed with water because it was the cheapest way to do it. The only things that it has now that it didn't have before are a stool, a bathroom, a kitchen sink with a counter, and running water that comes out of a tap.

Beatrice would sometimes go at night to check on my mother and father. She says that sometimes my parents would be outside, sitting by the mesquite tree in front of the house waiting to get sleepy, so as not to turn on the light and use electricity.

When we were young, my father would randomly bury rolls of money in a tin or jar. One day, while taking a quick break from work, I was sitting next to the trunk of a tree that was near the room at the pasture. I noticed that the ground there was compacted, except for one spot where the ground was loose. I started to dig and found a jar. I opened it and inside a plastic bag was a roll of cash. My father saw that I was sitting there so I had no choice but to bury the bills back where they were.

Another time James also found a roll of cash, but buried inside the room by the pasture. Instead of leaving the cash there, he took it. When my father realized that the money was gone, he called for the police to come down from the city. The police had James handcuffed and ready to take him away when a teacher, named Elida, happened to see what was going on and told the police about how our dad worked us like slaves and regularly abused us. Feeling sorry for him, the police let James go. They didn't even bother to take the money from him.

Almost daily, we would make *nixtamal*. To make the nixtamal we would start by kernelling corn into a bucket then sifting them from one bucket to another slowly so the breeze would blow away the dust formed from kernelling. Then we would put it in a pot, add some limestone powder, take it down by the well and add water. Then we would start a fire and put the corn to boil.

When the boiled corn, which was now nixtamal, cooled down we would wash it and put it in a grinder to make flour to make tortillas. It was some hard work to mill by hand. There was a mill in town that charged a few cents, where people took the nixtamal to make the flour, but my father was so cheap and stingy, he preferred to make us do it. It was some hard work turning the handle on the grinder to force the nixtamal through.

One night when I was 11 years old, I was crouched down by the well washing the nixtamal, when a man crept up behind me, grabbed me, and tried to rape me. I defended myself as best I could. I screamed as he tried to cover my mouth. I kicked him and pulled his hair until I was able to get away from him. I ran up the hill and when I got to the house, my mother asked me for the nixtamal.

"I'll bring it right away," I told her.

I stood at the doorway with my heart beating hard from the panic and from how hard I'd run. The man who tried to rape me was named Beltran. He lived across from our house.

I waited until I saw him go inside and, still frightened, took off running as hard as I could, to get the nixtamal. I brought it back just as it was; I didn't even finish washing it.

I didn't tell my mother or anyone what had happened until June of 2013, when I told two of my sisters and a sister-in-law. Talking about things like that with my parents was taboo. We never trusted my mother enough to tell her what was happening to us or what we felt. She never had any positive advice to give anyway. Beltran died in 2014.

From the time, we were little, they had us doing heavy labor. As soon as the sun started to rise we would be getting ready for work. Once working we would stop to eat only when our father said we could. He would constantly tell my brothers how he never needed anything from the United States, because my brothers regularly talked about going up north. Of course, he didn't need anything from anybody else since he had all of us to work for him without having to pay a dime.

When my brothers grew up and decided to work outside of the home my father would chase them out of the house one by one. My father had no need for them if they weren't going to be working for him. My brothers would head north, crossing the border as illegals. They would usually write after a few days to let the family know how things were going. Back then only business had phones so most of our communication was by mail. Though they usually left fleeing my father's abuse they would write to my mother who would, in turn, let us know how my brothers were doing.

Somehow, my mother always knew there was mail when a crow would perch itself on top of the light post by the house and caw.

My mother would say, "There's a letter waiting. Go to the post office." Sure enough, there would be a letter. I don't know if it was always the same crow or not but I did know that my mother's way of knowing that there was mail never failed. At least not on the times that I would be sent to the post office.

When my brothers would return to visit from the states sometimes they would go buy a car or pick-up truck; my father would get angry saying they did it to show off. He never knew how life is lived over here and how indispensable a vehicle was.

The years went by and my father had to sell the lots that had the fruit trees. My father couldn't do it by himself, and all of us no longer lived with them. Eventually my father had to buy a tractor to continue farming his land after my brothers left to head north.

At the house, there was an old television that someone brought there several years ago, but my father wouldn't allow it to be turned on because it used up electricity. My father wasn't a fan of anything electric because he didn't like having to pay a dime if he didn't have to. I remember that John once brought over a refrigerator as a gift. My father got so angry that he fired his pistol at John and my mother. They didn't get hit, but it scared the hell out of them and they both left, leaving the fridge behind. That's when John brought my mother here to the

United States to live with me. She lived with me and my family for a month or so but decided to go back to my father after a burglar tried to break into our home while she was there.

Beatrice would sometimes go at night to check on my mother and father. She says that sometimes my parents would be outside, sitting by the mesquite tree in front of the house waiting to get sleepy so as not to turn on the light and use electricity.

When we were little, a lot of times we went around barefoot. We didn't mind so much, but when we got older, it was different. Getting new shoes always turned to a battle with my father. When he'd finally decide to buy us a pair he would buy the cheapest he could find, no matter the style or if we liked them or not. Before going into town to buy them he would measure our feet with a stick, and then he'd walk to the city, so as not to pay for a ride. One year poor James spent the day of the town festival sitting on a bench because his shoes were too tight. My father's measurements with the stick weren't as accurate as he thought.

There was a time that Leticia didn't have shoes to go to school and mother bought her a pair of cheap sandals behind my father's back. Leticia would wear those sandals to school, but when she got home, if my father was there, she had to hide them and come in barefoot. My father almost always wore sandals. It didn't matter if it was hot or cold. He would never buy them, though. He would make them out of tire treads and belts.

Only when he went to church, or somewhere of importance, would he wear shoes.

One time, when my sister Beatrice was living with my grandmother, she came to visit.

My father looked at her and said, "Come over here and lift your leg."

He took her shoes off and said, "Everybody here goes barefoot."

That's how he was. My father didn't have the slightest bit of regard for us. He didn't care if we stepped on a thorn or cut our foot for not wearing shoes.

One night, when my parents were away, we helped my brothers dekernel corn. They were young men at the time and wanted to sell the corn to buy clothes. We used a *zaranda* to dekernel the corn cobs. A zaranda is a square of woven wire that has little small gaps between sections of wire. It was tied on all four sides to a beam in the ceiling and hung low enough to where I could reach it at a young age. We would load the top of the zaranda with corn, and beat the corn with heavy sticks. Through this process the kernels would fall through the gaps in the wire and be gathered up and put in sacks. My brothers let the local store know and they sent a truck to buy the corn and take it away. My brothers had to do it this way because there's no way my father would buy them clothes or allow them to keep money from selling his corn.

When my parents returned, my father noticed the tire tracks from the store's truck. He looked around and when he noticed that he was missing corn in the galley, my father went to the store and asked them who had sold them corn. Once they told him it was his sons he went back home angry but for some reason didn't hit anyone this time.

Sometimes my mother would send me to the store to buy what we were going to eat that day, but they almost never gave us money to buy them with. Instead they had us with corn to barter with the stores. That would be early in the day, before going to school.

Sometimes I would take a little bit more corn than needed so I could have some change. I remember that I would take the change and hide it under a rock. When it was time for us to go to school, I would get my change from under that rock and use it to buy snacks during recess. Sometimes, instead of hiding the change, I would buy myself something to eat on the walk home but I had to eat it before I got home so I wouldn't be seen by my parents. We had to do things this way because asking for anything extra in our house was basically taboo.

My father was so tight with his money that he wouldn't even spend it on himself. As he aged, he would get up in the morning completely sore from sleeping on an old bed. They still have the same beds from when we were children.

Beatrice once told him, "Dad, buy yourself a bed so you can sleep comfortably."

He responded, "What for? I'll be dead soon enough, and the bed will just sit there or somebody might take it."

When my sister Beatrice was a newlywed, she struggled financially for some time. There was a time when she didn't even have enough to make a pot of beans, and Leticia had to take a little jar of beans behind my father's back to take to Beatrice. My father wouldn't offer her a single bean out of all the stacks of beans that he had stored.

Chapter 10

Grandparents

Just as we were abused by my father, he was also abused by his step-father. On the other hand, my mother had good parents. My grandmother, her mother, suffered knowing we were abused, but couldn't do anything. People were afraid of my father

My grandparents on my mother's side, where among the first in town to have a car. They also had one of the nicest, and biggest houses in town. With all the comforts, she had living with my grandparents, I wonder why she decided to get back with my father? They were separated for seven years and she decided to go back to that life of scarcity and abuse. My uncle Raul, my mother's brother, would say that my mother was very capricious and stubborn when she lived with my grandmother.

My grandmother, my mother's mother, lived near to the school and my sister Leticia would spend recess there during the cold season. She says that my grandmother would put one of Beatrice's old flannel jackets on her to keep her somewhat warm.

The youngest siblings, James, Alfredo, and I, Rosa, didn't get the joy of our grandmother's company very much. My father and his mother- in-law never got along and he wouldn't allow her to come to the house to see us. Sometimes my father would find out that one of my brothers or sisters were at my grandmothers, and he would bring them home tied up and, as usual, would beat them. Even my mother had to go behind my father's back to see her own mother.

My older sisters remember my grandmother saying to my mother, "Protect your children, because Serafino is going to wind up killing them."

We never got close to my grandmother from my father's side, nor did she make any attempt to get close to us. My younger brothers and I never got to know our grandfathers, Justin and Valentino; we had yet to have been born when they died. My older siblings say my grandfather from my mother's side was a great man and a nice person.

When my grandfather, my mother's father, died, they held the church ceremony and his coffin was loaded onto the back of a pick-up truck to be taken to the cemetery. Leticia says that her and Beatrice were walking behind the truck, with the rest of the mourners walking behind them when someone, she doesn't remember who, lifted her and Beatrice on to the pick-up truck, so that they would be next to my grandfather. They had nothing but good memories of him. After he was buried my grandmother put a glass of water on the window sill and told my brothers and sisters that it was there so my grandfather would have water to drink when he was thirsty.

Leticia says that sometimes my grandfather would take her and Beatrice on his white horse, to spend the night with him while he irrigated his land. There was a room with a little canvas bed that my grandfather would prepare so they could sleep comfortably while he worked over night.

"As soon as the sun came up, he would make us hot chocolate," says Leticia.

I would have liked to have known him. My brother James was a few months old and Alfredo and I were still not born when he died.

My grandmother died a couple months after Leticia was married. I was almost 14 years old at that time. Apparently, she had to die before my father would allow her in his home because we had the wake at our house. I'm sure that was only because he knew that she was leaving some sort of inheritance to my mother.

In her will, my grandmother left my mother some land, a cow with a calf, and some other material possessions. One day, my mother's calf disappeared, and she sent my brothers to go find it. They spent days looking for it until one day they ran into a man in town who told them to stop looking for it because our father sold it. My father would regularly do things like that behind my mother's back.

Chapter 11

The Alley

Leticia and Beatrice stayed at my Grandmother's house the night of the funeral, though Leticia doesn't remember how that came to be because, as I said before, my father wouldn't allow it. The following day, around ten at night, Leticia slipped out of the house because she couldn't stand the feeling of emptiness that was felt in the house without my grandfather. She was nine years old at the time, running towards my parents' house in the dark. When she went past a place we called "the alley", she saw a white dog.

She says, "When I saw it, I stopped running, kept walking, completely frightened until I passed the alley then I took off running again."

When my grandmother noticed that she had left the house, she sent her adopted son to find her and make sure she was safe. He found her at my parents' house.

We passed the alley often on the way to the store, school, mass, or anytime we had to cross the river. The alley is bordered on both sides by fruit trees. Though it is traveled regularly by people walking, on horseback, and mule carts, it can be kind of creepy at night. Especially as children, alone in the dark. Even if there was a full moon, the trees would block out the light, leaving the alley in total darkness. It would frighten me when I had to walk the alley alone. Especially if I'd see someone coming towards me from the opposite side, because it was impossible to see who it was until they came near.

My sister, Leticia, told me of a time that the circus was in town and she and a girlfriend were walking home from school. In the distance, they saw a pick-up truck that went into the alley and stopped. As they walked past the pick-up, two carnies got out and chased them. They were so scared that they split up as they ran.

My sister says, "There were no people there, no one who could help us. I had the milk pail that I had just picked up from the doctor's house in one hand, and my books in the other trying to get away." They ran trying to get to anyone who could see them and help. Leticia says she ran into a neighborhood between a store and some houses, and her friend went another way, but also ended up in a populated area. Thank God, the carnies gave up. They succeeded only in scaring the girls. Who knows what would have happened to my sister and her friend if they would have caught them.

There was a passenger bus that would pass through town on its final run around nine at night. It had to pass the alley and then cross the river on its route. One night, the bus went past the alley and then got stuck trying to cross the river. The driver got out and told the passengers to get out as well because it had been raining a lot, and there was danger that the river would rise. There were several passengers that ignored the drivers warning and stayed in the bus. The driver left on foot to get a tractor to pull the bus out of the river. When he returned, the bus was overturned with the tires sticking up out of the water.

James, along with many others, showed up to help. They were throwing ropes to people so they could be pulled out. Many people were saved, but many drowned. James got home very late that night and told us what had happened. We got up early the next morning to see the accident site. The bus was still upside down. There were several volunteers walking up and down the river looking for bodies. Luggage, clothes, shoes, and all kinds of other personal belongings were scattered along the river's edge. The bodies had been washed quite some ways downstream, but eventually all the bodies were recovered.

Chapter 12

Food

My father was stingy, even when it came to feeding us. He had made a wooden crate that he would fill with food and keep a lock on it so us kids wouldn't eat any of it. Though he owned so many cows, pigs, calves, and lambs, sometimes we would go for months without eating meat. We survived mainly on chicken broth, eggs, beans and tortillas. Once in a great while, he would slaughter a lamb for the meat. At least then we would have fried or roasted lamb meat for dinner.

While helping my father harvest his November crops, there were times that we would come across a watermelon in the field. My father would randomly plant watermelons within his crops, which he allowed us to eat. Whenever we'd be working, and came across a watermelon, we would break it on a rock, and eat it right there.

My father owned fruit trees, so we had plenty of fruit when it was in season, but we were only allowed to eat the ones that he couldn't sell. The ones that had been picked on by the birds and such. The only reason he would allow us to eat those is because, they would spoil. If it wasn't for that, I'm sure he would've locked up the bad fruit as well.

Besides fruit, we rarely had sweets. Sometimes, if my father wasn't around, we would grab the sugar bowl, and get a mouthful. We had to wash the bowl or transfer the sugar to another bowl before my father got home because the sugar would harden along the edges from us kids having our mouth on it. As a kid, Frank would suck on the outside of the closed sugar sacks that my father would buy. Since the sacks where made of cloth, the spot he was sucking on would harden as well. Not very sneaky at all.

As kids, when we would pass the stores dumpster, we would look for change, and any candy that was still in the wrappers. If we found change, we would use it to buy candy. At that age, we didn't realize all the germs we were being exposed to.

Whenever my mother had guests, she would send one of us to the store to buy cookies to serve with coffee. Us kids loved it when she had guests over because, we had hopes of eating some of those cookies. Whenever it was time for the guest to leave, my mother would walk them out. We'd use that as an opportunity to clean the plate of whatever cookies were left, before my mother returned.

My father had a huge walnut tree on one of his lots. We would pick the walnuts while they were still green, because people would steal them if we left them until they were ripened. We would take them home and spread them out on a tarp on the roof of the house, so they could ripen under the sun. Once they were ripened, if my father wasn't around, we would climb the ladder to the roof of the house and sit there eating walnuts. We would place them on a flat stone and smash them with another stone to crack the shell. When my father would go up and see all the empty shells he would get so mad and complain about how much we ate. Looking back, I have no idea why we didn't pick up the shells instead of leaving them there for my father to find.

We ate only when, and what, my father said we could eat. Leticia told me of one time that she was working in the fields, and got so hungry that she resorted to eating whatever green weeds she came upon. Usually, we would eat something small early in the morning before starting work, and have lunch around three in the afternoon. Once we had all eaten, we would go back to work, until between five and seven in the evening. We would take water to drink throughout the day. After a while, the water would get hot from the sun. As thirsty as we were, we drank it anyway.

The next day, it would start all over. We would get the water from the well, water and feed the animals, fetch the cows for my father to milk, and back to working in the fields. That's how it was, season after season. My father always had plenty of work for us, and made sure we did it, year after year.

Chapter 13

Animal Stories

Even the animals, who pulled the plows through the soil, looked starved, tired, and thirsty. In the mornings, they got water and feed, and worked until three in the afternoon in the heat, before they would get water and feed again. When the animals would finally be given water, they would drink frantically, and devour the feed.

So my dad wasn't only cruel to us. He was also evil and cruel to animals. Once, a cow that wasn't his, tore down a fence to eat the corn on the other side. Alfredo and I watched as my father lassoed the cow, tied her to a tree, and then told my mother to bring him some diced up jalapeño peppers. My father grabbed the jalapeño and rubbed it in the cow's eyes and rear end, and then let her loose. The poor animal let out horrible sounding bellows of pain, as it walked away blindly.

My father would give names his cows to distinguish them from one another. I remember watching my father beat one of his cows, he called the "rabbit." He beat that poor animal so badly with a chain, because the cow would not eat the *friego*.

The friego is what we called the scraps that one leaves after a meal. We would usually give those scraps to the chickens or the pigs, but why you would anyone try to give it to a cow, an herbivore? Naturally, the cow wouldn't eat friego, and we all got to witness its abuse.

If a stray animal happened to come around the house, or his fields, it was as good as dead. He would kill cats by strangling them with wire or rope, out of fear that they would try to eat the chickens. He would also shoot dogs, because they would sometimes try to eat the lambs. It didn't matter to him who the cats and dogs belonged to.

My sister Beatrice told me of a time when my father tied a donkey and a mule he called "Brown" to a lamp post in front of the house. The animals got tangled up, and the Donkey was being strangled with the ropes. Thankfully, Beatrice and her husband showed up and saw what was happening. Beatrice ran to get my father and let him know that the donkey was choking.

My father came out screaming "bring me a knife, or the machete."

My sister says it was clear that he didn't want to cut the rope. In the end, Beatrice' husband cut the animals loose and they both collapsed to the ground, trying to catch their breath. After a while the poor animal let out a loud bray and got up. My father saddled the donkey and rode off on it.

My sister told him, "Dad, don't ride the poor animal yet. Let him recuperate."

"He's all well now," my father said.

A while after that incident that donkey disappeared. They looked for it for days with no luck. One day Manuelito, Castor's son, went to my father and told him, "Grandpa, I know where the mule is."

My father asked, "Where?"

Manuelito, Beatrice, and her husband, took my father to where the mule was. It had walked itself into a narrow ditch, got stuck, and starved to death. After having worked so much, the poor mule had such a sad death.

There was a time when my sister-in-law, Sulia, asked my parents to borrow a cow so she could milk it. She let her borrow the cow and of course brought the cows calf along so it could get its mothers milk as well. At that time, my brother Frank, her husband, was here in the United States so she was left in Mexico taking care of their kids. She wanted the milk for the children, who were little at the time. My mother would go every day to check on the cow to ensure they were leaving enough milk for the calf. It was more important to my mother that the calf have milk, than her own grandchildren. In the end, even though she was taking good care of both the cow and the calf, my sister-in-law decided she was better off without the cow and making due on her own, because of the way my mother went about her daily checks.

We also had some humorous things happen with some animals. There was one time, when my mother sent me behind my father's back to grind the nixtamal at the mill in town. My girlfriend, and I went and when we the nixtamal was done being turned into dough, we went to sleep at our sister-in-law Sulia's house. Back then no one had refrigerators so we put the pail of dough outside the window, so that it would stay cool through the night. We were woken up by a noise at the window. When we got up to see what it was, we seen that a donkey that had eaten the dough.

We also used to have a fierce turkey, that would stare people down and then lunge at them as they passed. We would have to come out and shoo him away so he wouldn't hurt anyone. Eventually, for being so tough, my mother made him into soup.

The local store would buy pigs from people but before buying them, the store keep would weigh them and inspect their snout. When they did this, the pigs would let out a loud squeal. Alfredo used to be so scared of that noise. Occasionally, on our way to the store we'd hear a loud squeal and my brother Alfredo would turn around and run back home crying.

One year one of my father's sheep died while giving birth. We took over the mother role and bottle fed the baby lamb. It grew attached to us and would follow us wherever we went. On the way to school, church, or the store, the lamb was always there. The lamb would even go inside the house with us as if it was normal behavior. That lamb acted more like a dog than anything else.

One time, I was getting ready to make some tortillas and

took some firewood, and placed it in the stove. I turned around and got another handful, put it in the stove, lit it up and shut the door. Not long after, I heard what sounded like a kitten's panicked growls. I looked around wondering where it was coming from when it occurred to me to open the oven door. As soon as the door opened the cat bolted out. Later I seen the cat with its fur and whiskers singed and its paws slightly burned. I'm guessing that, when I turned around to grab the second handful of wood, the cat jumped in the stove. That cat's lucky I didn't walk away while the stove warmed up, or it would have died and we would have been eating cat broiled tortillas.

Chapter 14

They Did Not Care

There were two ways to go to and from school, as well as to and from church or the stores. One way, we walked along the river, and the other way, we crossed the river and went down the alley. One day, during the hot season, I got sick at school. After telling the teacher, she told me to go home. That day, I decided to walk along the river but I felt so sick that every, so often, I would have to stop and sit by the river bank. I would get up, walk a little more, sit back down, and start all over until I reached a tree that was in the middle of the widest stretch of the river. I laid down for a while, got up, kept walking, sat down another while, and so on until I got home. My sister Leticia was the only one home when I finally arrived. I told her that I felt horrible. I had a very high fever, felt cold, fatigued, and had an upset stomach. I laid in bed and though my sister covered me up, I still felt very cold.

Leticia tried to care for me by putting potato slices dipped in alcohol on my forehead. That's a Mexican home remedy we would use to fight a fever. After a while she tried to feed me, but I couldn't keep any food down. By nighttime my parents had returned from the city and my fever seemed to have gone down a little. That day has stayed so clear in my mind, because on that day someone brought over some pigeons, and ever since then, there were always pigeons outside the house.

The following day, I woke up feeling worse. My parents gave me some kind of pills to lower the fever. I should have been taken to the doctor. I was sick like that for seven days.

My sister Leticia told me of a time when she, Frank, and John got sick. All three got strep and bad fevers at the same time. They couldn't swallow, and were laid out on the same bed for two weeks. They needed to see a doctor, but my parents never took them. Leticia says that they placed hot prickly pears on their necks as a home remedy. She said that they were so sick that their bodies began to get a nasty smell. They had no choice but to suck it up it until they recuperated little by little. That's how it was; if we got sick we had to suck it up until we got better on our own.

One night, when my brother Frank was around fourteen years old, he became ill with a very high fever. In the late evening, he got out of bed, and said he was going out to pee. At that time, there was no bathroom in the house so we had to go outside. When Frank went out he didn't return right away. It was a dark and moonless night and the river near the house was running high. We started to search for him with no luck. We stopped by my aunt's house and asked for her help in the search. We walked around in the middle of the night yelling for him, but he didn't answer.

After a long while, we heard some dogs barking, that belonged to some neighbors.

I said, "Here he comes."

Sure enough, a while after hearing the dogs bark, he showed up. He was completely soaked and scratched up. Apparently, he had been sleepwalking and had crossed the river. Frank said that he woke up as he came out of the river, near some houses.

One day, by some miracle, my parents allowed me to go to my friend's fifteen-year coming of age party, or *quinceñera*. I was getting ready and fainted as my sister-in-law was brushing my hair. Another time, my sister Leticia fainted in church. I'm guessing that we had fainted because we stayed in a state of malnutrition.

A couple of my brothers would, sometimes, wet the bed while sleeping. My father would get angry and would tell them he was going to tie them up and wrap their penises closed with wire. I never put it past him to do it but thank God, he never did.

Sometimes, the river that we had to cross to get into town, would be flooded with high, rushing currents. During those times my father would get us across on horseback, to get us to school. It would have us kids shaking, from fear of falling and being swept away by the current. When we would cross the river, the only part of the horse that wasn't submerged would be its neck and head. Besides being frightened, we would show up to school with wet clothes, waiting for them to dry on our bodies. If one of us had fallen off the horse, we surely would have drowned.

There were times when we weren't even awake yet, and he would start screaming, "Get up, you lazy idiots!"

If we didn't respond immediately, he would douse us with water.

At times, our father would keep a pistol strapped to his waist. Just seeing our father was enough to scare us, and the pistol more than doubled that fear. In that house, it was rare for there to be a day without arguments and fights. If it wasn't with one brother, it was with the other, then the other. When my brothers grew into young men they began defending themselves from my father's beatings and abuse. When my father would hit my mother, they would defend her as well. It was a sad sight to see my father and brothers coming to blows with each other, but my brothers refused to take it anymore. My brothers started to come over to the United States as illegals, running from the abuse. My father wouldn't even wish them well or even say goodbye to them when they would leave.

One time, Alfredo was riding the horse to go fetch the cows when he got caught in a heavy downpour. The horse picked up a full gallop heading in the direction of a big irrigation ditch and wouldn't stop. A man seen him and yelled out a warning about the ditch being flooded, but the horse wouldn't stop.

When they reached the ditch, and the horse crossed it, with Alfredo still riding him. The horse kept up a full gallop until they were nearing the river. The river was high and because there was no way to cross it, there were people standing by the banks. Alfredo yelled out for help, and they were able to stop the horse. Alfredo says that he was sure the horse would've tried to cross the river if the people hadn't been there to help him.

At times, it wouldn't rain for months and the town's people would pray to Saint Isadore, who is the patron saint of farming, to bring us rain. We would walk praying and singing, until we reached the top of a hill that had a cross on it. On the other hand, when we would get bad storms, as was the case with Alfredo's wild horse ride, we'd go outside with a knife and pray while making motions towards the clouds as if to slice them apart with the knife.

Chapter 15

Castor and Lucretia

When Castor, the oldest of the boys, was young, he was abused just like the rest of us. One time, they beat him badly because, though he was young, he wanted to come here to the United States.

Eventually Castor crossed the border into the United States and found work. He would send money to Leticia for safekeeping but my father found out and had Leticia ask Castor if he wanted my father to put the money in the bank for him. When Castor came back, the money he had worked for was gone. My father had stolen it.

Though Castor also suffered abuse, as time went by, my mother and father started preferring him over all the others. My parents seemed to have forgotten that they had eight other children because they treated the rest of us like we meant nothing to them. He's the only one of the siblings that my father ever helped. My father has given him many cows and Castor still benefits from farming my father's land.

Leticia once heard my father say, "Of the bunch, only Castor wound up being any good."

Castor was, and still is, very detached from the rest of us. When we would go back home to visit he never showed any sign of being happy to see us. There was never a phone call from him, or from any of us to him.

Alfredo told me of a time that he drove back to Mexico to visit, all the way from Michigan. When Alfredo arrived, my father excitedly went to greet him.

When he seen it was Alfredo he said, "Oh, it's you. I thought you were Castor."

My father looked disappointed. He was no longer interested, because it wasn't Castor. I imagine that Alfredo must have felt tossed aside.

In 1984, in a municipality near the town where we lived, they gave a prize to whoever raised the best crop. That year, my brother Frank planted crops on a property he had purchased. He won the prize, which was a mechanical corn thresher. Castor and my father took it from him. They have fought over it but it was never returned.

I don't remember much about Lucretia when she was living in the house before getting married. I was young, and she was twelve years my senior. I was told that she was also beaten at times. I do remember, vaguely, that when she was already married, her and my father seemed to have some kind of secret going on. They would exchange whispers whenever she came to visit. My other siblings also remember this, but none of us know what secret they were hiding. We got the impression that not even my mother knew what the secret was. Over the phone, Lucretia once told me that she and Castor have a secret but she wouldn't tell me what it was.

During another telephone conversation, I brought up the topic of us being abused as children. For some reason, she refused to admit that she witnessed anything when it came to our abuse. She said that she left when she was very young. I figured she left young for the same reason the rest of us did; to escape the living hell we lived with my parents.

I don't know why Lucretia would deny that. There's no way that she wouldn't know the abuses we went through. Though she was the oldest, married, and left home at a young age, there were many things that she was aware of. We would tell her things that would go on, and she witnessed some things herself when she would come visit.

Chapter 16

Beatrice

I spoke to Beatrice, and asked her to tell me of any significant events that she might remember. Being that I am the youngest of the women, I don't know firsthand much of what my sisters went through when I was very young or before I was born. Beatrice was raised by my grandparents, my mother's parents, for the first twelve years of her life. She had a very nice childhood.

When she would come over to visit she would always be very well dressed. During the cold season, she'd be dressed in nice, warm clothes; gloves, hats, coats, the way it should be. During the hot season, she always had on pretty dresses. This lasted until she was twelve years old, when my father took her back from my grandparents to put her to work like the rest of us.

One time when they sent Beatrice to wash the nixtamal by the river, my grandmother saw her and said to her, "Just look at how they keep you barefoot."

My sister told her about her father taking away her shoes. When my grandmother realized that Beatrice was being abused, she tried to take Beatrice back, but my father wouldn't allow it.

Beatrice told me of a time when they were treating Frank for some skin ulcers that he would get on his head as a boy. My father and mother, according to them, could cure the ulcers, but their method was very cruel. We don't remember what it was that they would pour on the ulcers, but whatever it was made my brother cry out in pain. My brother once refused to allow them to apply their home remedy on him.

My father had a knife in his hand and told him, "Boy, you let us do this or I'll kill you."

Beatrice says that she got so scared that she jumped out of a window and ran to my grandmother's house in a panic to tell her that our father was going to kill Frank. My grandmother and Beatrice went back to the house and a heated argument ensued.

Beatrice says that my grandmother told him, "Remember, Serafino, why I took Beatrice from you! You wanted a boy, and because she was born a girl you were going to feed her to the pigs!"

Beatrice overheard this, and that is how she found out why she grew up with my grandmother.

Beatrice says that one night, my mom's sister, went to plead with my father, to beg him to let Beatrice go back with my grandmother. My father once again, didn't allow it. He got so angry, that he chased after Beatrice, to punish her. My aunt ran, to try to protect Beatrice and tripped and fell into a cactus. My grandparents had to take her to the hospital to have the cactus thorns removed. Beatrice managed to get into the house of another aunt, my father's sister. My father didn't even respect other people's homes. He walked in, grabbed her, and dragged her home. Once they got home he tied her up and beat her.

She also told me of a time when she was beaten because my parents found out she had a boyfriend. Beatrice and her boyfriend, Javier, had arranged to see each other by the well one night when she went to wash the nixtamal. My mother spotted Javier, realized what was going on, and sent Leticia instead. There was a set of holes inside the wells' edge across from each other. They were just big enough to get a foothold. Javier had gotten into the well holding himself up with the footholds and put the lid over the well opening. Leticia says she was already scared because it was dark and when she took the lid off the well, Javier, expecting to see Beatrice jumped out startling her. Once my sister was over being startled, anger took over. Feeling bad and trying to calm her down, Javier pulled the water from the well for her and helped wash the Nixtamal.

I remember vaguely when Beatrice's boyfriend would serenade her with his mariachis, singing to her outside her window. During this time, my mother would lock Beatrice and Leticia in the room every night at bed time. Leticia tells me that Beatrice's boyfriend would sometimes show up at night when she was locked in, and my sister would talk with her boyfriend through a crack in the window frame. What's strange to me, is that my father never ran off the musicians when they would go serenade my sister. On the contrary, they would also listen to the music. Even though they were locked up, I wanted to sleep in the room with them so I could be by the window and listen to the music.

In the end, it didn't do my mother any good to have her locked up. One night at fifteen years old and tired of the abuse, Beatrice slipped out the window and ran off with her boyfriend to get married. To this day, they are happily married and he continues to be a mariachi musician.

Beatrice also told me of a time when she was still living with my grandmother and had to have her tonsils removed. My aunt and my grandmother took her to the doctor, but my grandfather didn't have enough money to pay for the procedure. My grandfather went to sell a mule to a man who was looking to buy one. The man wasn't home so my grandfather went to my father and explained the situation. My father could have done the right thing, and just given him the money for the operation for his own daughter. Instead he told my grandfather that he would buy the mule from him.

After all that hassle my sister had the procedure done. After the operation, my father and my aunt took her from the hospital to another aunt's house. Once there, my father wanted to beat Beatrice, because she wouldn't swallow her medicine due to the pain she was in.

Beatrice says that one time she asked my mother for permission to go to another town to visit some girlfriends.

My mother told her, "I will let you go on the condition that you cut your hair."

Beatrice liked her hair long and my mother had to belittle her and take her self-esteem before letting her go.

Beatrice was a very beautiful girl. I remember vaguely when she competed against three other girls and was selected beauty queen. For that celebration, my father killed one of his cows for the feast. I remember collecting chairs from my aunt's house, my father's sister, because we didn't have enough seats for everyone. I don't remember much else of that party because I was still very young.

Leticia told me a story about when Beatrice's godfather would get her confused with Leticia. One day, he gave some change to Leticia thinking that it was Beatrice. Of course, Leticia told Beatrice, making her mad because she knew the money was intended for her. Now they think back on it, and it makes them laugh.

Leticia's godfather was also very good to her. He would bring her gifts, and would invite her over for dinner complete with soda. For us that was super cool because we were not used to having soda. As far as my godparents go, I remember receiving a glass doll as a gift from my grandmother, which my mother took away from me to use as a decoration.

Chapter 17

Close Calls

My father had several close calls during his life that could have injured him badly or even killed him. Somehow, he usually got away without a scratch or minor injuries. One day my father was carrying his pistol on his waist. He must have had the hammer pulled back because somehow a shot went off. My mother was with him and told us that that my father got lucky he wasn't struck.

My father, Alfredo, and James were coming back from the pasture on the rula, one day, when they came across a dead cow's carcass on their path. The animals got spooked and ran off the road and down a slope, flipping the rula. Luckily, Alfredo and James were able to jump off, but my father wound up under the wagon, breaking some ribs.

One time, my father had either borrowed or rented a feed mill, which he put behind the house. One day, my father was grinding some feed in the mill and, because he was rushing and impatient, he got one of his arms caught in the gears and broke his arm. His arm was never the same, and healed slightly crooked.

My brother Alfredo told me of another time when my father was chasing down a cow on horseback. He was chasing it towards the pasture when he ran into a wire that clothes lined him right across his neck. Though he bled some from a cut on his neck, he once again escaped serious injury.

Alfredo told me of another occasion when he was around ten years old, out with my father working by the pasture. My father found a large boulder, half sticking out of the ground, and wanted to take it home to use as an outside bench. My father told Alfredo to grab the machete and chop off a branch from a juniper tree and tie it to the *carrucha*, what we called the wheelbarrow. Between Alfredo and my father, they pulled out the boulder, and after some struggle they managed to load it on the wheelbarrow. To move it, one of them grabbed the wheelbarrow by the handles, and the other pulled on the juniper stick that was attached to the rope and the front axle of the wheelbarrow.

As they were going down a slope, the branch broke and got stuck in the wheelbarrow's wheel, causing the boulder to fall off and roll down the slope. Once again, my father barely escaped injury because that boulder came close to slamming into him. My father, now angry, tried to hit Alfredo, as if it had been Alfredo's fault. They got the boulder back on the wheel barrow and set it in front of the room next to the corral's fence, where it sits to this day.

Chapter 18

Leticia's Story

I remember the time when my mother and father beat Leticia so bad because she wore a skirt that was just a bit above the knee, but as I said earlier, I am the youngest of the women, and there are some details that I don't know. I wanted to get her side directly from her so I called her up and asked her to write out her memories for me. She wrote me this letter:

"I, Leticia: memories of my childhood and adolescence.

"My first memory, I think I was three or four years old, because the memory is very distant. I remember my father beating my mother and me grabbing on to his legs trying to pull him off her, and from then on, it was almost a daily occurrence; beatings, screaming, my father insulting my mother, and as we grew up, that abuse turned from my father and my mother towards us who were their children and were still kids. I, Leticia, personally lived those horrible experiences, besides the violence and abuse that my siblings went through, which also pained me.

"I remember one day, it was Palm Sunday, my mother and my father told us to go to mass. I did as I was told; I went to mass, but the mass ended late, because the priest showed up late. When the mass ended, I hurried home, and when I was almost there, my parents appeared, as if out of the shadows, in front of the area for chopping fire wood. Both beat me with clubs and ropes; I was terrified. There was no one to protect me, so they beat me as long as they wanted.

"The following day, since it was Holy Week, there were celebrations in church, and they said that we should go to the Holy Week services. I got myself ready, and when it was time to go, they didn't like the dress I put on. It was a dress they already knew, but they didn't like it, and they started beating me again. My siblings had already left, except for my youngest sister who was, I think, five or six years old. I was scared and took off running through the trees and the ravine, until I reached my grandmother's house. I told her everything and she told me, 'don't go away; stay here. That same day that I went to my grandmother's house, my older brother came by and told me not to go home because my parents were very angry, and so I stayed. Around three days later, my grandmother received a summons to appear with me before a magistrate, as if I had committed some crime, and all I had done was run because I was so afraid of them.

"When we got before the magistrate, the fighting started. My father would insult my grandmother, and a lot of old stories came out about what had gone on between my parents since before I was born. When the magistrate said that I had to return to my parents' house because I was a minor, it was as if there was no law, because not even the law was able to do something for me.

"I was scared to death and asked myself what I could do to put an end to this abuse against me and my siblings, and I thought that if I gave them a scare, maybe they would change. I went to the store and asked for 25 pills; I took 4 or 5, because I figured that with four or five, I wouldn't die. I took the rest out of the wrapper, and threw the wrapper by the trees where I knew they would be passing, so they would think I had taken them all, but nothing changed. My godfather who had come with us to the magistrate took me to the hospital in town. My grandmother and my godparents were with me at the hospital. When I got out I went to my godparents' house for a few days, and then returned to my parents' house to the same violence.

"Another memory that I have is from when I was 11 years old. They would lock my sister Beatrice and me up in a room without light, where there was a window, but they would cover that window up with cardboard, or pieces of wood, or calf skins so no light could come in; it was total darkness. I had never experienced such terrifying darkness. My sister Beatrice would put a jar in the room in case we had to pee at night.

"I remember that one night, I woke up with a stinging pain in one leg. I touched my leg and it felt sticky, but since it was so dark, I couldn't see anything, so I waited until the sun came up and they opened the door. I got up, and the first thing I saw was a cut on my leg and my leg covered in blood. I checked the bed, the pillow, the covers, the sheet, the mattress, and didn't see anything that could have cut me. I never knew what happened. I just measured the scar right now, and it is three inches long. I was scared, but didn't say anything to my mother or anyone, because we didn't feel safe to say anything; I was fearful of everything.

"I remember my mother with the lock in her hand, rushing us to finish cleaning the kitchen, which was the last of our daily chores. That nightly lockup lasted about two or three years. The lock up ended for me when my sister Beatrice ran off with her boyfriend. She was fifteen years old then.

"Another thing that I remember about my parents is that they believed in witchcraft. When I was 17 years old, one morning my mother told me that I had to go with my father to the city. We got to the house of an aunt of his, and then we went to a house where there was a man of advanced age. I neither knew who he was, nor why we had gone there. The man gave my father a bag with a bottle inside, and we went home; everything was very strange. I didn't understand anything, but felt that something was happening or was going to happen.

"The next day, when I got up, the two of them, my father and my mother, were in the kitchen, and my mother brought over a glass with something in it and told me to drink it; I didn't want to drink anything and asked them, 'What is it?' They just said that I had to drink it, but since I didn't want to drink it because I didn't know what it was, they forced it on me. I drank some of it, and some of it spilled; it tasted very bad. I never found out what it was.

"That same day, one of my eyes got very red, in a lot of pain, and I couldn't look at the light. I spent about a week with my eyes bandaged, and then the doctor from the hospital in town went to see me. I don't know how he knew about what was happening to me or who told him, but he took me to a hospital. There, they removed my eye.

"It was a painful and sad experience, with no one to console me or give me any words of encouragement. Thank God I met my husband. He brought me to this country (USA), where science is very advanced, and there are excellent prosthetics and organ transplants; and for that I thank God, and for so many blessings and good things that God has given me since I left my parent's house.

"I remember when a girlfriend of mine, who was a neighbor, came to ask permission for me to go with her to a party. My mother said yes and we went. It was in another town about five miles away, where my sister Lucretia, the oldest of the family, who was already married, lived. The party hadn't even started, when my brother Castor showed up and told me that my father was looking for me, and he was very angry. I got scared and told them that I wasn't going to go to the party any more. They all went to the dance, and they hid me in the house of a neighbor of Lucretia's. When the dance was over, Castor and my girlfriend came to get me. We got to my girlfriend's parents' house, and my brother told me to stay there while he went to see how upset my father was. I don't remember what happened then, it seems my mind got stuck, but my sister, the youngest, says that my father went to my girlfriend's parents' house and pulled me out of there by my hair, all the while beating me.

"I'm just now remembering a time when my father severely beat my brother James because he threw a rock and broke a window. I told him, 'Behave yourself, so they won't beat you,' and he answered, 'It's all the same. If I behave myself, they beat me, and if I don't behave myself, they beat me,' and it was true. Those beatings were our daily bread.

"Another time, I remember that my mother told me to go to the pasture, to work with my father. When I found out that no one else was going with us, that it was just going to be my father and me, I felt such fear that I ran and hid behind my parents' house. There's a hill, behind my parent's house and at the bottom of that there's a small and at the bottom of the hill is a steep embankment next to the river. In that embankment was a small cave where I hid. I could hear them walking around on the hillside yelling my name, but I didn't come out, and they didn't find me. I knew that in the afternoon, they were going to beat me, but I didn't care. The fear of being alone with my father in the pasture was greater.

"Amid all the suffering, I had something good, which was my grandma, my mother's mother. She couldn't come to the house, because my father would chase her away, but I would go to her house behind my parents' back. Whenever they sent me on an errand

I would run and go to my grandmother's first. Being with her was like a little stretch of calm. I would tell her everything that was going on in the house.

"My mother wasn't allowed to go to her my grandma's house either, because my father forbid it, but sometimes she would go behind his back when he wasn't home. She would run to see my grandma before my father got home and hurry back. I once heard my grandmother tell my mother, 'Protect your children, or they'll wind up dead,' but she never looked out for us. On the contrary, she told my father things that weren't true, so that he would beat us.

"Besides myself, all my brothers and sisters left the house when they were very young. My two older sisters ran off with their boyfriends at 15, and the rest left at 15 and 16 years of age, to wherever they could. I lasted the longest there; I left when I was 20 years old.

"One day when I went to my grandmother's house, I found her laid out on the floor. She couldn't walk, and I ran and told my mother that my grandmother had fallen and couldn't walk. She told me, 'Go and take care of her.' I gathered up the clothes that I had and went with my mother's permission. I cared for her for a year. She would give me advice and loved me very much. When I told her I was getting married, she gave me her blessing. She had the feeling that she wasn't going to live much longer, and that if she died, I would have to go back to my father's house, and that's what she didn't want. I got married at 21 years of age in January of 1975, and she passed away that March. I was already here in the United States.

"I remember that one day before I went to my grandmother house, I asked God with all my heart to get me out of there, out of my parents' house, and to take me very far away. Now I live 1,300 miles from my parents. I live in the state of Michigan, with my ten greatest blessings that God has given me, which are my husband, my five sons, my two grandsons and two daughters-in-law. I have three sons in the house that are still young, and I'm afraid that my mother might come near them and cause them harm. Although I know she can't do anything to them, I can't help feeling that fear. My mother is 93 years old; she's elderly, but she's still the same as always.

"This is part of my story since I was a girl until I got out of my parents' house. My sister Rose can tell you the rest of what happened to me."

• • •

Leticia told me, Rosa, of a time that my mother sent her to take supper to my father at the pasture. On the way she got caught in a strong downpour. Night fell, and she was working with my father with her clothes still soaked. A man we knew from the town, named Jose, had some land right next to my fathers'. My sister says he took pity on her and asked my father if he could take her to his house to get her fed and out of the wet clothes. My father allowed it and she went with José to his house. There she was changed into some dry clothes, fed supper and taken to a room to sleep.

She says, "I remember that the bed was very soft and they treated me very well. It was a feeling of comfort, that at home, with our parents, we didn't feel. When the sun came up, I changed into my clothes, which they had been set out to dry, and then they fed me breakfast. After that José took me straightaway to my father's land, where my father was still at work."

When my sister Leticia was thirteen or fourteen years old, she would get bad toothaches that would leave her screaming and crying out in pain. My father never took her to the dentist. He never took any of us to the dentist or even bought us toothbrushes and toothpaste. As time went on, her tooth slowly broke off in pieces. Of course, when my father felt the first sign of a toothache he would head straight for the dentist.

There was a time, when Leticia was ten or eleven years old, that she became very anemic. She got very thin and so sick that, eventually, my father had no choice but to take her to the doctor. After seeing the doctor, she didn't improve.

That's when my father said, "That's it, leave her be," meaning, if she dies, she dies.

My father didn't want to fight for her any more. That time, my mother took her back to the doctor, without my father knowing, and she improved little by little. Leticia says that is the only thing she's grateful to my mother for – that she didn't let her die.

Back then there was no electricity in our town. Everyone used oil lamps as a light source until eventually they brought electricity to our town. This was a problem for my father, who didn't want electricity in the house, because he didn't want to pay for it. We would look at the other houses so well lit, and ours so dark with our oil lamps. Castor eventually paid to have electricity installed. It was so cool to us kids, having the house so lit up. As soon as the first bill arrived my father began to complain that it was too expensive. So expensive that he had the power cut off. Once again, we were back to our oil lamps.

It took my sister Leticia getting married to have the power turned back on because organizing the wedding was so hard to do in the dark. I was almost fourteen years old at the time, and was tasked with making the tortillas. I spent most of the night working on the tortillas. The next day I was falling asleep by the time the reception began. Leticia is the only one of the sisters that got married in a white dress.

One day, Alicia and Lucina came over to invite Leticia to a birthday party for a girl from town. Not only did my parents let her go, but they even let her spend the night at Alicia and Lucina's house. The girls' mother took them to the party, which was at the birthday girl's house.

My sister says, "I was standing in the kitchen, chatting with the birthday girl's mother, when a boy came into the kitchen and asked me to dance. I accepted his invitation, and we danced. I didn't know who he was but when the party was over, he asked me if we could see each other the next day. I didn't take him very seriously. We left the party and walked to my friends' house. I remember that it was a pretty, moonlit night.

"A week went by and I forgot all about the boy. Sunday came and Lucina, Alicia, and I were walking, when Lucina turned around and said, 'Here comes that boy you danced with at the party.'

I turned around, and sure enough, it was him. We spoke for a while and as I was about to leave I saw my father heading towards our direction. I ran home knowing that if he seen me I'd probably receive a beating. When I got home I changed my clothes so that my father wouldn't think it was me he saw. Apparently, it worked because when he got home he didn't say a thing. From that moment, we dated for some time, and then we got married. My life changed for the better, thank God, and to this day, we're still married."

Chapter 19

Ezequiel

As a young woman, I had no idea how a doctor conducted a female exam, or even what a period was about. My mother never told us or gave us any advice. When I was close to getting my first period, I knew about it because my sisters told me. They didn't teach or prepare you for that stuff in school. At that time, we would start school at six years old and graduate at twelve years old. High school was an option that my parents didn't care about. All my father wanted was to have us out of school to get us back to work.

Relationships and marriage went well for my sisters, but unfortunately, I wasn't to have the same luck. In 1977 and '78, there was a man named Ezequiel who was courting me, but I wasn't sure if I shared the same feelings towards him that he had towards me. Sometimes I'd talk to him, but as friends. Like one might talk to a cousin or anyone else.

One night, after a bachelorette party for a cousin's soon-to-be bride, Ezequiel seen we were walking home and offered a ride to my girlfriends and I. My girlfriends got dropped off and I was going to get out further down, closer to my parents' house. When we were about to cross the river, he took a turn down another path and wouldn't stop. I tried to throw myself from the car, but he grabbed me by my blouse, and told me that my blouse would rip off if I threw myself from the car. I was afraid to risk the jump and get caught under the car's tires. Eventually he stopped the car and I took off running but he caught up to me quickly. I was terrified. It was late into the night, no one was around, and I couldn't fight him off. He raped me.

I felt guilty for not having gotten off with my girlfriends. All I wanted was to get dropped off at my parents' house. Instead he took me to his mother's house. That's where I stayed. With my rapist. The more days that went by the more I was scared to go home. I didn't feel comfortable after what had happened.

Finally, Ezequiel took me to my parents' house. When I showed up my parents said nothing to me. It felt so strange. I grabbed the few clothes I had, and we left. The days went by slowly at his mother's house. One day when the house was empty I decided to leave and go back to my parents' house. I had no choice; I couldn't live with someone I didn't love.

Because of how my parents were, I was very fearful that they would yell, hit and belittle me. It was so strange because, once again, they said nothing to me.

As time went by, I began to feel sick and nauseated. I was vomiting and feeling dizzy and didn't know what was happening to me. I never told anyone. I didn't know that from that rape, I would end up pregnant.

When my father figured out that I was pregnant, he threw me out of the house, and ordered me to marry my aggressor, against my will. I didn't want to marry him, but we had to do what my father said. I went to the magistrate with a cousin of mine and his wife, but the magistrate who was supposed to marry us wasn't there. I believe God has his hand in everything and that day he was definitely by my side. We never got married. Ezequiel died of a heart attack in 1995.

My parents never knew how my first pregnancy came to be. I never trusted them enough to tell them what I was going through or what I was feeling, so I chose to stay quiet. I never told my sister Lucretia how I got pregnant, and as far as I know she still has no idea, but she wanted me to have an abortion. Most people thought that I had gone with Ezequiel to escape the abuse from my parents. Though it sounds possible, it wasn't the case. I didn't go with him of my own free will.

I told my daughter how she was conceived when she was 36 years old. I preferred telling her face to face, than for her to find out through this book or by someone else. When I told her, she was surprised. She hugged me like never before and we cried together. She is blameless. No matter how she was conceived I cared for her and could never reject her.

Chapter 20

Looking for a Home

When my father threw me out of the house I went to live with my aunt Romelia, his sister. Within a couple days my sister Leticia arrived from the United States with her husband. She took pity on me and wondered what would become of me and my unborn child if we stayed in Mexico. My brother-in-law asked me if I wanted to go back to the states with them. That was an offer I couldn't refuse, pregnant or not.

Later my sister and her husband picked me up at the church in town and we began our journey at the Rio Grande, as it is known in the states. In Mexico, it is known as El Rio Bravo. One river with two names. My sister, her sister-in-law, and pregnant me, all crossed the river at the same time in the same large tractor tire tube. The men swam behind us, pushing the rubber tube until we made it to the other side. We were now in America.

Julian, Leticia's brother-in-law was parked, waiting for us near the river. He took us to eat dinner at Kentucky Fried Chicken. That was my first meal on the American side and my very first experience with fast food. I thought it was the greatest thing I had ever tasted at the time. I was used to eating chicken in soup or other simple ways. After dinner, we went to his family's house where we bathed and got some sleep.

The following day we loaded up in the car and eventually stopped on the side of the road so I could get into the trunk of the car. I had to hide because we were nearing an immigration checkpoint. We passed the checkpoint without a problem and though I was only in the trunk for a short while it felt like an eternity. It was so hot that I was immediately drenched in sweat.

We eventually met up with my sister Leticia and my brother-in-law, and went to their house, where I lived for a short while. I am forever grateful to them for the opportunity they afforded me. My Daughter was born on November first, of 1979. My brother-in-law paid the expenses, and my sister Leticia and her husband baptized my daughter, becoming her Godparents.

Soon I got a job at a local restaurant. There, a co-worker introduced me to her brother, Fabian. I knew him for a short time when he promised me that he would take care of the necessary paperwork to make me a legal citizen of the United States. He treated me nicely and thinking I was in love, I married him. I later found out that he was a womanizing, woman-beating drunk. I feel like I disappointed my sister and brother-in-law, for having believed in this man but they had already helped me through enough and I didn't want to be any more of a burden on them. I was told that Fabian had beat every woman he had before me and it wasn't long before he was beating me as well. He told me he wanted a son and promised to change and be a good man. The abuse towards me continued, even while I was pregnant with my second child. Things kept spiraling downhill until eventually I felt I had no choice but to return to Mexico.

When I arrived, my father rejected my daughter. All I could think is that this child bears no blame. As the days went by, my father began to accept her little by little. The days and months went by and I wondered what would become of us and my second child. I didn't want my son to be born there, in Mexico. I had little communication with the Fabian, but when I did talk to him he said that he was going to bring us back to the United States. It was hard to believe him, given how he had lied to me so many times before. I was eight months into my pregnancy when Fabian showed up. By pure coincidence, my brother John had also shown up at the same time with his wife. When they came back to the states we went along with them. My parents wanted me to leave my daughter with them. There was no way I could ever leave my daughter, and much less with them.

My brother and my sister-in-law lived in a town in New Mexico. We arrived at their house, and the following day, went to Texas with my husband's family. After a short time, we went to New Orleans, Louisiana to visit some of my husband's family and that's where I went into labor. When we got to the hospital security had to remove my husband because he was being belligerent and didn't want the doctors to touch me. My son was born there on June 29, 1981. After three days, I was released from the hospital and we went back to Texas.

Fabian wasn't any happier having a son and things between us kept getting worse. He completely disregarded the boy. There were times that he would leave the house for days to party with his friends. He would leave us without food, and it wasn't long before I was down to 100 lbs. He had no part in raising my son. Not once did he even buy a pack of diapers.

Fabian once showed up drunk, cornered me and put a knife to my throat. Another time, he tried to choke the boy, his own son. The one thing I thank God for, is that he never mistreated my daughter. I lived with him for a year and a half. During that time, we would leave each other and get back together. When he tried to choke my son, I decided to leave him for good.

I went back to live with my brother John and my sister-in-law in New Mexico and slowly but surely gained my normal weight back. I spent five or six months there with them and my brother began asking me when I was going to leave. I didn't have any money or resources. I wanted my own place, alone with my children. I applied for government housing assistance but was told that I didn't qualify because I was undocumented and had to have three children. At the time, I only had my son and daughter.

I left my brothers and returned to Texas, to my husband's home town. There, I qualified for government assistance and could get help with rent, bills, and groceries. We rented a small place from my father-in-law. We lived there for some time and as time went by I felt more and more alone. I had no family there and no support from my husband's family.

While married, but separated my husband had a son with another woman and I had a son with another man. I know that what I did was wrong. I couldn't see myself living near my husband for the rest of my life and I wanted to return to New Mexico to be closer to my family.

Fabian would tell me, "Who's going to want you with all these kids." He would humiliate, and belittle me every chance he got.

My father-in-law came to visit his grandson one day. He left and his wife said that when he got home, he got drunk and started saying disparaging remarks about me. She never told me exactly what he said, and even though the rent was paid in full, I was told to leave the rental house that same day.

His wife, took me and my children to an old two-story house on a ranch. I didn't know the family who lived there or what she told them to let me stay there. We slept on the living room floor for about a week and half when, by chance, my sister Lucretia came looking for me to visit. When she didn't find me at home she asked my father-in-law about my where-abouts. He told her about the ranch and how to get to it. They picked us up and brought us to live with them in New Mexico.

My ex-father-in-law has since died of a stroke. My oldest son's father is also dead. After a lifetime of abusing woman, in October of 1995, one woman had enough and killed him. She hit him with a pan, knocking him out, then plunged a knife into his abdomen. My son was 14 years old. Fabian died without ever really knowing his son. Somehow, most of the people that have done the most damage to me have since passed.

Chapter 21

Positive Change

We lived with my sister for a couple of months until I was able to get a place of our own, for me and my children. For income, I babysat children out of my home. I wouldn't work out of the home because I didn't have a car and I didn't trust anyone else with my children.

I had been living alone with my children for more than three years when my brother James came to visit me. The following day he was leaving for work but his car wouldn't start. He asked a woman he knew, named Elida for a ride. My brother got oily from working on his car and was washing up when Elida showed up. I invited her to wait inside and we began exchanging small-talk. Soon she began to tell me about a brother she had, who was single. I just listened without saying anything.

The next day, Elida came over and told me that her brother wanted to meet me. He lived in another city about 240 miles from where I lived.

I was surprised and told her, "But I don't even know him!"

She insisted that I call him. I didn't have a telephone. We walked together to a public telephone and I dialed his number. He answered and we had a short conversation. He told me that he had two daughters, and that he was divorced. Later he wrote me a letter where he told me part of his life. I answered his letter and I, too, told him about my life. I keep those letters to this day. He told me that he would soon be on vacation from work, and wanted to see me in person. I agreed. His car broke down on his way to see me. He was able to get it to a repair shop and found a ride into town.

I was with Elida at another friend's house when he showed up. Two days later his car was fixed, and I and my children went along with him and his sister to pick it up. On the way, he asked me if I knew how to make enchiladas and tortillas, and I said no. Apparently, his sister had told him that I knew how to make them and he thought that she had lied to him. It turns out that I had misunderstood. I thought that he was asking me if I wanted to eat enchiladas. I told him that of course I know how to make enchiladas and tortillas, along with many other Mexican dishes. We had a good laugh about it. Once we picked up his car, he took us out to eat and then took me and my kids clothes shopping. I still have one of the dresses he bought for me that day.

That evening he told my children, "From this day on, I will be your father."

My children have called him dad ever since.

He spent his two weeks of vacation at his sister's apartment, and when it was time for him to go back home, he asked me to go with him. After my previous luck with men I was afraid and unsure of what to do. I spoke with my sister Lucretia.

She said, "Go see what his intentions are. Just don't get pregnant and let's see what happens. If you decide it's not a good idea, come back home."

We went with him.

He was a man of his word. He quickly took me off government assistance, and took on the responsibility of providing for us. He paid for my divorce, because my first husband wouldn't sign the divorce papers. Once I was divorced, he proposed marriage. I married him and a year later and we had a daughter together. He worked on my citizenship papers, and I became legal citizen of this country. We have now been together 29 years. Like any marriage, we've had our ups and downs, but nothing that our love for each other wouldn't allow us to get over. My three oldest children are now married and we have 13 grandchildren, all together, which we adore.

Chapter 22

His End

My father had issues with his legs for years. At ninety-three years old, those issues caught up to him. He fell and had to have his legs operated on. The operation was of no use and he was never able to walk again. Other illnesses quickly began to crop up. When my father became ill, it was up to us siblings to care for him. I took the trip to Mexico and helped take care of him for a week and a half. I gave him his medicine, fed him, even changed his diaper and bathed him. The whole time those sad memories of the past were on my mind.

My father didn't get to see much of the world. He never traveled more than a couple of hours from home. His whole world as he knew it, was the house and town that we were raised in. He built the first part of the house on his own and added on with the help of my brothers as they got older. That humble adobe house still stands.

My father was a very prideful man, as well. He always said that he didn't need anything from anyone. I guess he never imagined himself getting to a point that he wouldn't be able to take care of himself in his old age. He never thought that someday he just might need his children's help.

His mind was in bad shape to the point that, at times, he didn't recognize us. At one point, he was laid out in a bed that was next to a wall. He kept saying to move him from there because he felt the wall was the edge of a cliff. He would also say that someone was pulling at his feet. The doctor had fit him with a catheter connected to a bag so he could pee. Whenever he felt the bag next to his legs, he'd say that it was his gun.

While we were there taking care of my father, my mother, Alfredo, and I would all sleep in the same room with him. When it was time for myself, my brother Frank, and my sister-in-law Julia, to take the trip back home, my brother and I got up close to my father to say goodbye. He was asleep, but the look on his face made it obvious that he was having a bad dream.

Because we were leaving, a home nurse needed to be hired to take care of my father who was bed-ridden.

My sister-in-law, Rafaela, Castor's wife, said, "There are many children and grandchildren. Together they should all pitch in to take care of Serafino."

When we heard that, I could feel my blood begin to boil.

My brother Frank and I and told her, "They have the money to pay for the nurse. They can sell some land or something if they need to."

That's when Castor said, "I am the heir to the estate, and if I don't want it to happen, nothing's going to be sold."

Castor almost went to blows with Frank. That's when we realized that Castor would wind up with everything that was my fathers, while all his siblings would be left with nothing but horrible memories. I don't know why Rafaela would even mention the grandchildren. My father never gave any effort to get close to any of them.

My mother and father were asleep one night when he woke up hallucinating.

My mother told me that my father woke her up asking her, "Who is that man?!"

"What man?" my mother answered.

"That one!"

"There's no man here! The only man here is you!"

Then he grabbed her and yelled, "I'm going to kill you, damned woman!"

My mother says that she was able to free herself from his grip and began running towards Castor's house. She rushed out barefoot in the middle of the night. She was lucky that my father's legs were in poor shape, because if he would have caught her, he might have killed her. She made it to Castor' house and told him what had happened. My mother, my siblings, and I were always in danger if my dad was around. It didn't matter if he was in control of his senses, or old and senile.

In June of 2013 my father had to have his stomach operated on, but it was of no use.

The doctor said, "The man has practically no life left in him; he should already be dead."

My father somehow still clung to life. He did not want to die. Eventually, on June 21st, he had a brain hemorrhage and passed. My sister Beatrice says that my father suffered a lot before dying. He would sweat profusely, and yet his body felt cold as ice.

Castor and Beatrice were there with him at the hospital, but left to get a bite to eat. A friend of my sisters stayed with my father and called Beatrice to tell her that he passed. When he died no one from the family was present. The friend said that she saw him suffering but still seen and heard so much evil coming from him that she was praying for God to take him already. In his last moments, he cursed all his children and gnarled his teeth like an animal. The friend was so shocked to hear him cursing all his children in the middle of his suffering that she wouldn't attend the funeral. She says that the memory still terrifies her.

My sister said that even after death, my father continued to perspire so much that he had to have his clothes changed. After he was changed he continued to sweat so they decided to put a piece of plastic between his chest and shirt so he wouldn't look wet in the casket.

When my father first got sick, Castor put him in a government funded hospital so he wouldn't have to pay for treatment. I'm sure if my father had had the ability to choose which hospital to go to, he would have chosen the same one, for the same reason. As soon as I walked into that hospital I was hit with a foul odor. The hospital wasn't sanitary at all, and the patients looked poorly cared for. While I was there I'd walk down a hallway and see stretchers with patients one both sides. Some beat up, some stabbed, and others brought in from accidents, most of them bloody.

I witnessed a nurse giving my father an injection. When she took the needle out, there was still some liquid in the tube. She looked at the tube and squirted the liquid on the floor as if it was standard practice. The whole place was in absolute filth. After all the love my father gave Castor, that cheap, dirty hospital is where Castor put him.

It hurt me so much that my father never showed any remorse towards his children. His own blood.

At least we heard him say, "Oh dear God, take care of this old woman," referring to my mother.

That came as a surprise because, never had he showed that he cared for her, nor had we ever heard him talk like that.

When he passed, he finally got to lay in something nice and new. I was told that his casket was fancy and expensive. We had all thought that Castor had purchased the casket with his own money but later found out he had used my father's cash. If he had taken my father to choose a casket while he was alive, he would not have picked something so nice and expensive.

His reasoning would've been something like, *Why would I pay all that money for a box, just for me to rot in it?*

When my father died, some of my brothers and sisters cried and some didn't. Those that did might have cried about the horrible memories we lived with him. My siblings that live in Mexico, and Lucretia and Frank attended the funeral. Four of us missed it. Alfredo, John, Leticia, and me, Rosa. John didn't even go see him when he was sick. I can only imagine what was going through James's head as he looked at my father in his casket. What thoughts must have gone through his mind? I was told that he just looked at him attentively, without any emotion.

Leticia, once asked my father, "Dad, why did you treat us children so badly?"

He answered, "I was never disrespectful to my father."

My sister said, "I am not being disrespectful to you; I simply asked you a question. Remember one time out of many, when you cornered John and we had to call the neighbors to get you off him. Remember how badly you beat him?"

He refused to admit it.

My father died and never came to see us in the states to see how we lived and what kind of adults we turned into.

Maybe he thought, *how could I ever find the nerve to show my face over there after all I did to them?*

After my father died, my sister Beatrice would have my mother stay at her house, or she would stay at my mother's house to check on her. Castor, who lives across the river from my mother, would also let her stay the night at his place but my mother says that when Castor was gone, his wife, would sometimes not open the door for her, leaving her outside. Strangely, that same woman that wouldn't open the door for her was also my mother's favorite daughter-in-law.

I once told my mother, "Surely you don't believe Castor and his wife care for you. They just want what you have."

A few months after my father's death, Lucretia, our oldest sister, brought my mother over to the United States on a tourist visa. She was here from April 2015 until October of that same year. When my mother returned to Mexico my sister Beatrice took her in, until Lucretia brought her over once more. My sister Lucretia and I live in the same town and my mother has stayed in my house, as well.

Chapter 23

Secrets He Took to the Grave

My father and mother were very reserved about their pasts, and never told us about their youth. After my father's death, we found out that he had a son with another woman. My father kept that secret to himself for years, and in the end, took it with him to his grave. My mother knew all along about the boy, but she's never told us, either. To this day, she has no idea that we know.

Before he died, my father told a friend of his, named Raul, about his illegitimate child. Raul is a cousin of my brother-in-law Javier. Raúl told Javier, and the rest of us found out from him. My father told Raul that he had taken my mother to his mistress's ranch to demonstrate to my mother, in front of the other woman, that it was she that he loved. The son born of his affair was born soon after James, the first child that my father and mother had.

After my father's death, Javier asked my mother, "Hey, Josie, is it true that Serafino had a son with another woman?"

My mother said it was true and that she even knew the woman. Javier asked her how they met.

My mother said, "Because Serafino took me to where she lived."

This half-brother of ours would now be in his early 70's. Until then, my siblings and I knew nothing of him. Now that we knew he had existed, we wanted to know his name and if he was still living. My siblings searched the civil registry to see if there was another son registered as my father's. Nothing turned up. His mother did not register him with my father's name. She more than likely gave him her last name.

My grandmother from my father's side never liked us calling her grandma. We called her Mama Lela. She was married three times and my father had other half-siblings that we never met.

After my father's death, we also found out that my father had two other half-sisters, daughters of our grandfather. The sisters and my father never stayed in touch, and he never mentioned them. I was told that one of passed away recently. My mother told Beatrice of a time that her and my father went to see one of his sisters in a nearby town, where she owned a store. Not to introduce himself or get to know her, but simply to see her face and who she was. My father didn't tell her who he was and the sister never knew that the man who went into her store that day was her brother.

After my father died, Castor went about informing himself of my father's documents, and was surprised to found out that, besides him, there was also someone else named in my dad's will. Castor thought that my father had left everything to him, but it turns out that there was someone else. He never told us who it was. If my father had named me in the will, which wasn't the case, I would like to think that I would have shared it with all my siblings. We all worked hard for every dime my father had.

Chapter 24

Frank

My brother Frank suffered with liver disease for seven years. Eventually this led to other complications. He began having lung, heart, and kidney problems. His health was so bad, that if he caught a cough or simple cold, his immune system couldn't fight it and he would end up in the hospital. He had a valve in his heart replaced twice. The second valve clogged up after six years. The doctor told him they could send him to another hospital to have open heart surgery. With that surgery he would a have a few more days of life, but in the end, he wouldn't make it much longer. Frank didn't want anything done; he was tired of living with his illness.

They sent him home from the hospital. There was nothing more the doctors could do. He left the hospital on a Saturday at five in the afternoon and passed away that Sunday, on April 26, 2015, at one in the morning. He was 59 years old. My brother was conscious from the time he was in the hospital until his death. He had somewhat of a peaceful death.

The last time that Frank and Leticia saw each other, they had an argument. Leticia had gone to eat at a restaurant and brought back a hamburger for my mother.

When she got to the house, she said, "Mom, I brought you a hamburger. Eat it before it gets cold. I'll leave it here on the table," and she left.

A while later Frank showed up and asked for Leticia. My mother had told him that Leticia showed up, threw that hamburger at her, and left.

My sister-in-law Sulia, Frank's wife, asked Frank, "Did you see her throw the hamburger?"

Frank said, "No, but my mother told me."

My sister-in-law told him, "Frank, you know very well how your mother is. You have no reason to be angry with Leticia."

Leticia says she didn't argue back at all. My mother blamed Leticia of throwing a hamburger at her, when all she wanted to do was give her something to eat. Just like how my mother accused me of trying to throw her in the lake when all we did was drive around it.

Frank later realized that he had been wrong to be angry with Leticia. Before going to the hospital for the last time, I think my brother had a feeling that his days were numbered, and he spoke with Leticia on the phone.

Leticia says, "We spoke for a while. He spoke very nicely to me. He sounded content."

My brother apologized for what had happened and asked us to pray for him. He gave his confession to a priest and asked for forgiveness from his wife, his children, his sisters and brothers for anything he might have done against them.

My mother was also there for my brother's final days. She never asked him for forgiveness. After my brother died, the family got together at my sister-in-law's house. After a while, the conversation turned to when we lived with our parents. That's when my sister-in-law said that she did not want my mother at the wake.

She said, "I saw many things that were done to Frank. They caused him so much suffering." Lucretia didn't respect her decision, and the following day she took my mother to the funeral home. Perhaps if Lucretia had asked my sister-in-law if she could come in with our mother, she might have agreed and things would have been different.

When Lucretia walked in with her, my sister-in-law once again told them, "I told you I didn't want her here."

They stayed anyway. No one else said anything, to avoid arguing.

Chapter 25

John

On the day my brother Frank passed, after we had left my sister-in laws house, all my brothers and sisters, with the exception of Castor and James, gathered at my house. My brother John, my cousin David, my husband, and I had lunch at the kitchen table. We were in the middle of a conversation when, suddenly, my brother John's eyes rolled back to where we could only see the whites of his eyes. His arms became stiff and his body was shaking and turning purple. He was about to fall off his chair when my cousin grabbed him and dragged him to the living room. He had blood coming from his mouth.

I screamed to God, "My God, help him!"

I ran for the phone to call an ambulance but was I was shaking so hard that I couldn't dial. My husband took the phone from me and called. By the time the ambulance arrived my brother was starting to come to, though he didn't recognize any of us or realize what was going on.

When he arrived at the hospital, John's mind was still not clear. He had no idea why he was there.

We asked him, "What happened in Frank's house?"

"Nothing," he said. "We were there, along with a lot of other people." We asked him why all those people were there.

He said, "I don't know . . . I don't know what they're celebrating."

John had no idea that Frank had died.

He said to me, "Let's go to Frank's house."

The doctor, already knowing the circumstances of the last few hours, told him his brother was dead. John looked as if that was the first time he heard the news.

Tears started to flow from his eyes.

He asked, "When did he die?"

I said, "At one this morning."

The doctor said John had suffered an epileptic attack and that the blood coming out of his mouth came from biting his tongue. Before this, my brother John had already had problems with his eyesight that required an operation. He's suffered from dizzy spells, high blood pressure and he's had minor strokes. For years, we had noticed that he would say things, and a while later, he would repeat the same thing all over again.

The doctor asked if John had ever had trauma to his head.

"Yes," I said. "He got hit in the head several times as a child."

My father would sometimes throw rocks at him, sometimes hitting him in the head. There were times when he would get hit so hard that it would knock him out.

Conclusion

As of the conclusion of this writing my mother is still alive at 93 years old. She lived a majority of her life with beatings, reprimands, insults, complaints, curses and screams from my father. Even so, she put up with him until the day he died.

Only James, Castor and Beatrice continue to live in Mexico. The rest of my siblings and I are now living here in the United States, all of us legal now. It's sad knowing that the only thing our parents left us with are memories of abuse and struggle. It's impossible to think of them in any other way. At times I've dreamt of my father. The dreams are almost always about watching my father tie up James and beat him. There are times I wake up crying. In my dreams James is still a little boy. I've never dreamt of him being grown up.

I've gone most of my life without seeing my parents. I left home at a very young age. I've spent, up to twelve years at a time without seeing them. Mostly because being away helped keep the old memories repressed. Every time I've gone home the memories seem stronger and helps the hurt linger.

Looking back, I personally think that my parents needed some kind of psychological help. They never would have admitted that they had a problem. Neither my mother nor my father suffered from any vice, such as drugs or alcohol. All that cruelty and abuse they did with all their wits about them. We didn't have television in those days, and were ignorant to everything going on in the world. All we knew was what was going on in the little bubble of our town. My father never showed us any mercy, but I hope that God had mercy on his soul. As horrible as our parents were, they still brought us into this world. If my father had shown that he was apologetic for all the wrongs he did to us…..if he has asked us for forgiveness, I'm sure most, if not all of us, would have forgiven him. Now that I'm grown, so many memories come back and weigh heavy on me.

I, Rosa, ask God to heal me from all the damage caused by the stress and abuse at the hands of my parents, my first husband, and others. Of my own free will, I have chosen to forgive all, including those who hurt me the most. I ask God to clean my subconscious. To wash my thoughts with the purity of His infinite love. I have also forgiven myself for my past mistakes and failures. I ask God to be freed from all guilt and shame. I free myself of all desire for an apology from anyone. I denounce all form of bitterness and resentment. I ask that the healing power of God's love flow through each cell of my body, and that it be compassionate of all who had a part in this story, good or bad.

Anything can happen when one experiences consistent trauma on a regular basis. I have in my mind an abusive past that follows me until the present. I ask God for the full return of my repressed emotions, so that I may be free. Holding on to resentment only enables me to harm myself. I wish that all those memories would go away. Writing down this memoir, and remembering everything in detail, has been very hard for me, but I believe that it will help me. It's like a therapy for me to release everything I'm carrying inside. Though it's sometimes hard to know how to, or want to forgive, I feel it's something that I have to be willing to do to begin my own healing process. I forgive my parents for not being the parents we wanted them to be. Through this affirmation, it's myself that comes closer to being set free.

I, Rosa, along with my siblings, lived these horrible experiences with my parents. Sometimes, even to me, some of my memories sound too incredible to be real, but they are all true. For years, we lived a life that we didn't choose, with someone who made us go through the worst, and we thank God that we survived.

Writing this story was not been easy for me, mentally or physically. There have been times that I would get physically sick, struggled with my sleep and suffered panic attacks while reliving all these memories. Many times I've wept.

My sister Beatrice told me that after our fathers death she would have dreams of my father where he would tell her that he's cold. I thank my brothers and sisters that supported and agreed with me on my writing these memoirs. I thank God that he was with us at every moment, allowing us to survive so much danger, abuse, fear, mistreatment, and violence.

Addendum

My mother died when this book was almost finalized. One day she was outside in her yard, and fell. She laid there on the ground screaming until a neighbor heard her. The neighbor ran to tell Rafaela and she took my mother to the hospital, where they found she had fractured some ribs.

When she got out of the hospital, Castor used my mother's money to pay a lady to watch her. The lady watched her at her own home. My mother stayed with her for around two months, until Castor decided that he no longer wanted to pay her. This is strange because Castor wasn't using his money to begin with. He took my mother to his house. There he had his wife, Rafaela, take care of her. While my mother was living with them she became ill. They took her to the hospital and the doctors found that she had heart problems, along with other complications. They left the hospital and returned to Rafaela's.

One day, my mother was lying in bed and asked Rafaela to help her get up and take her to the bathroom. Rafaela put her in the wheelchair, then helped her sit on the toilet. When my mother was done, Rafaela went to help her back onto the wheelchair. While Rafaela was holding her up my mothers, body suddenly went limp in her arms. Rafaela laid my mother on the floor and ran to the neighbors' house, where she called the local doctor. He arrived quickly and examined her.

The doctor said, "Nothing can be done for her. She is dead."

She passed away on Monday, November 21, 2016, at around four o'clock in the afternoon. All this was related to me by Beatrice, who had talked to Rafaela.

The day before her death, my mother kept on repeating to herself, over and over, "My God, help me." On another day, she was talking out loud, as if speaking with her brother Raúl, who had passed away several years ago. My mother's death was quick and painless and I do thank God that she didn't suffer. She died with who she cared for the most. Neither Rafaela nor Castor let us know that she had died.

All my brothers and sisters traveled to Mexico for the funeral, with the exception of myself. I was in the state of Virginia at the time, with my son, and was unable to make it.

James only went to see my mother in the funeral home. He didn't attend the mass, nor the burial. We respect his decision. Only he knows the thoughts that came to his mind in those moments.

The last time that I saw my mother, I had asked her to give me some of my photos that she still had, of my kids as babies. She wouldn't let me have them.

I told her, "One day you could die suddenly, and those photographs will just sit there or be thrown away."

When my mom died, I asked my sister Leticia to get those photos for me. Castor would not give her the key.

He told her, "There's nothing in there. If you go near that house, I'll call the police."

He did let Lucretia in though, who brought some old material possessions back to the states. All I wanted was my kid's old photos.

My father's coffin was laid in an underground cement vault. Before my mother died, my mother let it be known that she wanted to be buried along with my father. She also wanted mariachi music at her funeral. Castor refused. She was buried separately in another tomb and without music. Her favorite son wouldn't grant her final wishes.

This Was Our
CHILDHOOD

[Así fue Nuestra Niñez]

Based on a True Story

Teresita Luévano

Basada En Una Historia De La Vida Real

Tabla De Contenido

Introducción

En las siguientes páginas, yo, Rosa, te llevo a través de mi vida, desde la niñez hasta la actualidad. Recuerdo personas, abusos y buenos recuerdos. Este libro comenzó como un diario. Yo anoté pensamientos que vinieron a mí mente. No todas las piezas están en orden secuencial y los nombres de personas y lugares han sido cambiados, pero la historia es la misma. Mi esperanza es que mi historia toque el corazón de personas y paren la violencia doméstica, y los abusos de niños y animales.

Así Fue Nuestra Niñez

Capítulo 1

El Principio

Mi padre, Severiano, era un hombre alto de estructura mediana con ojos castaños. Se casó con mi madre, Josefa, que es una mujer chaparrita y gordita, en un día 24 de febrero de 1941, en un pequeño pueblo al norte de México llamado La Paz. El nombre del pueblo es irónico porque poco después de que se casaron, mi padre empezó mentalmente y físicamente abusando de mi madre. Paz es una cosa que nunca tuvo con él. Su primer hijo, Jaime, nació en 1943. Pronto el abuso llegó a incluirlo.

Según mi abuelita, mi padre una vez perdió la paciencia con Jaime, porque estaba llorando, y trató de matarlo con un hacha. El niño tendría unos meses de edad. Al siguiente día mi Papá se fue a trabajar, mi mamá puso la ropa de ella y la del niño en un costal y le pidió ayuda a una vecina para que la ayudara a escaparse de esos maltratos que vivían con mi papá. La mayoría de lo que sé de cosas que sucedieron antes de que yo naciera, lo supe por unas de mis dos hermanas mayores y mi abuelita.

Mientras que mi madre y Jaime vivían con mis abuelitos, el niño tuvo muy bonita infancia. Mis abuelitos le querían mucho. Mis abuelitos tenían un hijo adoptivo, llamado Víctor, que eran casi las mismas edades y los dos niños jugaban juntos. Pasó el tiempo y después de ser separados por siete años, mis padres decidieron vivir juntos otra vez, llevándose al niño a vivir con ellos. Allí comenzó otra vez el abuso del niño y mi madre.

Mi mamá nos platicó que un día, domingo, ella mandó al niño a la doctrina a la iglesia. En ese tiempo el niño ya tenía nueve años y meses. Cuando el niño se iba a la iglesia se devolvió a decirle adiós a mi mamá y luego se fue. Cuando iba junto a una tienda que estaba cerca a la casa, el señor dueño de la tienda, iba saliendo en la troca rumbo a donde quedaba la iglesia. El niño se colgó de la troca, se cayó y lo aplasto la llanta en la cabeza y murió.

Tengo entendido que cuando el niño murió le sacó dinero al dueño de la troca. Según tengo entendido fue un accidente. En aquel tiempo no había ley, no investigaban como aquí. Me imagino que mi papá se le puso bravo al señor y para que se acabara el problema le dio dinero. Con ese dinero compro propiedad. Con el transcurso de los años, se fue haciendo de más propiedades. Él se hizo dueño de tierras en las que sembramos maíz y frijol. También tenía tres labores con árboles frutales. Tenía vacas, yeguas, becerros, marranos, mulas, machos, caballo, borregos, gallinas, cóconos, y palomas.

En ese tiempo mi mamá ya tenía la segunda hija llamada
Lucrecia. De ahí con el transcurso de los años nacimos todos
los demás, con un año y meses de diferencia uno tras otro. Enseguida de Lucrecia nació Cástulo. Enseguida nació Beatriz.
Enseguida nació Leticia. Enseguida nació Francisco. Enseguida
nació Juan. Enseguida nació Jaime al que le pusieron el mismo
nombre del primer hijo muerto. Enseguida nací yo, Rosa en
Mayo del año 1961, y al último nació Alfredo. Todas las niñas
eran rubias con ojos verdes menos yo. Yo soy trigueña clara
con ojos cafés. Fue similar entre los niños. Todos ellos eran
trigueños claros con ojos cafés menos Juan que era rubio con
ojos verdes.

Ninguno de nosotros teníamos retratos de cuando éramos
bebés. No sabíamos cómo éramos. Nunca nos retrataron.
De Lucrecia y Cástulo he visto un retrato en blanco y negro
cuando ellos tenían como dos o tres años de edad. De mi hermana Beatriz he visto uno de color, un retrato profesional de
estudio con su vestido cuando ella hizo la primera comunión.
Era cuando ella vivía con mi abuelita. Tenía como siete o ocho
años de edad. Pueda ser que haya uno o dos retratos de cada
uno en blanco y negro de cuando estuvimos en la escuela. Eran
retratos en donde estábamos todo el grupo de niños y niñas
con la maestra o maestro. De mis papás yo nunca vi retratos
cuando eran bebés. Ellos todo el tiempo eran unas personas
muy reservadas. Nunca nos platicaron de sus tiempos de ju-
ventud. Miré una photo de mi mamá en blanco y negro cuando

ella tendría como treinta y cuatro años. De mi papá yo no me acuerdo haber visto un retrato de él cuando era joven

Capítulo 2

La Rutina Diaria

En aquellos tiempos, para dondequiera que fuéramos, íbamos caminando: a la tienda, a la iglesia, y a la escuela. Entrábamos a la escuela a las ocho de la mañana y a las dos de la tarde salíamos para ir a comer a la casa. A las tres de la tarde ya estábamos de regreso en la escuela y salíamos a las cinco de la tarde y otra vez caminábamos a la casa. Nomás para ir a la escuela andábamos cuatro vueltas diarias, de lunes a viernes, y luego hacíamos los quehaceres de la casa. Hicieron otra escuela que nos quedaba más lejos. También nos tocó ir a esa. Todos los estudiantes caminábamos a la escuela.

Había un doctor que vivía frente a la escuela a quien mis padres le vendían leche durante años. Cuando íbamos a la escuela teníamos que llevar la hoya de leche a la casa del doctor y cuando salíamos de la escuela recogíamos la hoya. Recuerdo cuando era mi turno, yo agarraba una piedra para tocar el puerton, para que me pudieran oír en la cocina. El doctor pagaba mensualmente y mi padre utilizaba ese dinero para comprar una caja grande de manteca, un saco grande de azúcar, o un saco grande de harina.

Platica mi hermana Leticia que una vez ordeñaron las vacas cuando casi se estaba oscureciendo y la mandaron que fuera a llevar la leche al doctor. Era de noche, y tenía que ir caminando, y pasar el río sola en la oscuridad. Dice que le dio tanto miedo que tiró la leche en el río y se devolvió a la casa. Pasaron los días y ella con miedo que mis papás se llegarán a dar cuenta que no llevó la leche. Cuando llegó el día de pago le tocó la suerte que pagaron todo el mes. Mis papás no se dieron cuenta que tiró la leche.

Barríamos el patio de la casa, muy seguido porque a veces andaban gallinas y otros animales ahí. Era grande y cansado el trabajo de la barredera, juntar las basuras y tirarlas. Usábamos una escoba de "taraiz" que es una escoba hecha de ramas muy delgadas amaradas juntas, y una escoba de popotes amarados. Nunca supe de qué árbol o planta las cortaba mi papá. También utilizamos la escoba con que se barría la casa. Trabajamos para ganar los frijoles y tortillas, que era la comida que comimos más seguido.

Mis hermanos también ayudaban a cortarle la lana a las borregas. Desmenuzábamos la lana y la lavábamos muy bien y la poníamos a secar al natural con el sol. Mi papá mandaba hacer cobijas con esa lana. Mis hermanos ayudaban a hacer los manojos de tazole y acarrear la pastura para los animales.

Cuando mis hermanos iban a buscar las vacas, si una faltaba, mi padre los regañaba, muy enojado. Cuando iban para el cerro donde tenía mi papá las vacas tenían que ir montado en el caballo, porque había veces que allaban vacas paridas y tenían que llevarse la vaca y el becerrito. Subían el becerrito arriba del caballo para llevarlos al corral que estaba junto la casa. Cuando llenaban el corral grande, mis hermanos ayudaban a mi padre, a marcarlos con su marca.

En aquel tiempo araban las tierras con arado y machos. Mi papá nos ponía a Jaime, Alfredo y yo, Rosa a sembrar la semilla mientras mis hermanos mayores iban atrás de nosotros, arando con los animales tapando la semilla que sembramos. Teníamos mucho miedo a los animales cuando iban muy cerca de nosotros, y mucho miedo a mi papá cuando nos chequeaba para ver cómo íbamos sembrando. Jaime, Alfredo y yo éramos los más chicos y en aquel tiempo éramos niños. Yo me acuerdo cuando a veces me tropezaba y me caía con la semilla. Yo era una niña de seis o siete años.

Mi papá me gritaba, "¡Muchacha lacia, levanta esas patas!"

A veces él nos gritaba, maldiciéndonos y golpeándonos. Él nos mantuvo temerosos mientras trabajamos. La semilla se plantaba a cada metro.

Nos decía, "¿Que no saben cuánto es un metro?"

Él era un hombre alto, claro que los pasos de él eran más largos y nos decía, "Así tiren el grano."

Nosotros éramos niños. Claro que los pasos de nosotros eran más chicos, pero nos regañaba mucho y enojado. Todos nosotros le ayudamos a trabajar año tras año, temporada tras temporada. Por nosotros, los hijos, mi papá sacaba las cosechas porque él solo no hubiera podido con tanto trabajo.

Había un cocedor de adobe afuera de la casa. Era para hacer pan, pero a nadie le gustaba ese cocedor. Ahí hicimos la travesura mis hermanos y yo. Cuando llovía, y mi papá no nos miraba, nos subíamos arriba y brincábamos, hasta que poco a poco se fue cayendo. En otra ocasión que mi papá le iba a pegar a Juan, todavía estaba ese cocedor de adobe y mi hermano alcanzó a subirse en él. Enseguida, en dónde estaba ese cocedor había un cerco de adobe, mi hermano alcanzó a subirse al cerco y brincar, porque mi papá le aventó con una bolea de fierro. No le pegó porque mi hermano, cuando brincó, se quedó arrimado a la pared del cerco. Damos gracias a Dios que no nos mató porque en ese peligro estuvimos.

Capítulo 3

La Noria

En aquel tiempo teníamos que sacar el agua de una noria. Esa noria está atrás de la casa, pero teníamos que caminar poquito y bajar una loma. Debajo de la loma, nomás lo de arriba de la casa se podía ver. Teníamos que acarrear el agua en baldes para todo. Para los animales, para bañarnos, para todo. Había veces que se caía el balde hasta abajo. Mi Papá metía a uno de los hermanos amarrado con una soga y los detenía. Yo sentía mucho miedo que los fuera a dejar caer. A veces metía a Jaime, a Francisco, o a veces a Juan. Eso de la caída del balde pasaba muy seguido y mis hermanos tenían miedo.

Hicieron dos norias. Una más honda que la otra. Una la hicieron en la casa del pueblo. En esa fue donde me tocó ver cuando mi padre metía a mis hermanos. La otra la hicieron en el potrero, cerca del cuarto en donde mi papá nos tenía cuándo nos llevaba a trabajar. La de la casa del pueblo, mi papá y otra gente ayudaron a hacerla a puro pico y pala hace muchos años atrás. Me platicó mi mamá que duraron diez y siete días para hacerla. Cuando mi papá y mi mamá ya vivían solos, pasaron los años y Cástulo le puso una pompa a la noria, que lleva el agua a la casa de Cástulo y a la casa de mis papás.

La otra noria, más honda, ayudó Cástulo, mi Papá y otro señor, también, a puro pico y pala. En esa noria, dos de mis hermanos y yo, los más chiquitos de la familia nos tocó también sacar agua de ahí. Esa noria tiene veinte y cuatro metros de profundidad, casi setenta y nueve pies. Para meter el balde al agua, el cable se desenredaba de una rondania que llevaba el balde al agua. Para sacar el agua uno de mis hermanos o yo jalaba el cable y el otro esperaba el balde con el agua que saliera para agarrarlo. A mí me daba mucho miedo cuando me tocaba agarrar el balde porque tenía uno que ladearse un poco para alcanzarlo. Hace varios años atrás que ahí en esa noria, se mató un animal macho que se cayó hacia abajo. Tuvieron que ir adentro y amarrarlo para sacarlo, jalándolo con un tractor. Me platica Jaime que mi papá lo metía ahí en esa noria. Jaime era un niño, tendría ocho o diez años. Lo metió adentro de una angaria amarrado con unas sogas, deteniéndolo nomás con la fuerza de mi Papá y de mis hermanos más grandes. También a Alfredo lo quiso meter ahí, pero él alcanzó a correr y no lo alcanzo. Una angaria es una canasta tejida con correas de cuero. Esas angarias se las ponían a los caballos, los machos, y a los burros. Les ponían dos, una de cada lado. Servían para ponerles carga. Ahí en una angaria mi Papá metía a Jaime para que se fijara a ver que había en el agua y lo sacara, imagínese un niño, aparte del miedo que tenía, el peligro en que lo ponían.

Cuando lavábamos la ropa de casi todos los de la familia. Bajábamos la loma entre dos, con la tina llena de ropa, cobijas, y sábanas. En aquel tiempo había veces que durábamos todo el día, porque lavábamos con la mano, y muy bien lavada. Los pantalones y todo lo que tuviera bolsas los volteábamos al revés. La ropa blanca la lavábamos, la enjuagábamos, y la poníamos en un bote con agua y hacíamos lumbre con leña. Hervíamos la ropa blanca con agua y jabón. Después la enjuagamos y quedaba la ropa bien blanca. Después la secábamos al natural con el sol. La distendíamos para que se secara en un mezquite que estaba bajito y distendido. Ahí la secábamos cuando la lavábamos en la noria y aparte teníamos que sacar el agua.

Otras veces, cuando se miraba el agua limpia, lavábamos la ropa en el rio. Teníamos que bajar a la loma con la tina llena de ropa. La tendíamos para secar al natural con el sol, en la arena que estaba muy parejita, cubierta de puras piedritas que se miraban muy limpias.

Había veces que nomás ayudábamos a llevar la tina de ropa. Mi mamá la lavaba y nosotros hacíamos el quehacer de la casa y la comida, o había veces que nosotros lavábamos y mi mamá con el quehacer de la casa y la comida. Mi papá tenía con qué comprar lavadora, pero fue tan duro para gastar dinero, mejor lo teníamos que hacer nosotros a pura mano. Ahora hay una lavadora de rodillo. No sé quién la compró, pero casi ni la usan.

También nos tocó planchar, con planchas de fierro. Era muy común, toda la gente lo hacía. Era en aquellos tiempos que no había luz eléctrica. Teníamos que ponerle leña a la estufa, prenderle fuego, y poner las planchas a calentar para planchar tanta ropa. Éramos muchos. Para bañarnos, teníamos que sacar el agua de la noria, calentar el agua y bañarnos en una tina. Sufríamos mucho el frío. Nomás en la cocina estaba poco calientito porque ahí estaba la estufa de leña. En el tiempo de calor también no había abanicos, ni escusado. Teníamos que ir al corral o adónde pudiéramos. Si se nos ofrecía en la noche, íbamos para afuera en lo oscuro y con miedo.

También nos tocó partir leña. La estufa de leña era muy útil y era la que más usábamos para hacer la comida. Había una estufa de gas, pero esa muy poco la usábamos porque usaba gas y mi papá era tan duro para gastar dinero.

En una ocasión escuché a mi papá que dijo, "Ya se lo acabaron."

Ya teníamos seis meses con el mismo tanque de gas y no quería que se acabara. Mi papá no permitía que tuviéramos el piloto prendido. Prendíamos la estufa de gas con cerillos. Los cerillos y el petróleo eran muy usados para prender la estufa de leña. Se me hace que gastaban más en cerillos y petróleo que lo que gastaba la estufa de gas.

A veces mi mamá me mandaba a lavar el nixtamal en la noche. Lo lavábamos poco retirado de donde estaba la noria. Una vez estaba yo agachada lavándolo cuando de repente un hombre me agarró, intentando a violarme. Yo me defendí como pude. Alcancé a gritar y el trataba de taparme la boca. Yo patalie, le jalé el pelo, y me pude zafar de él. Corrí muy recio y subí la loma.

Cuando llegue a la casa mi mamá me pregunto "¿Y el nixtamal?"

Le dije, "Ahorita se lo traigo".

Yo me quedé parada en la puerta con mi corazón que me palpitaba muy acelerado por el miedo que me dio y lo recio que corrí.

La casa de él hombre, que se llamaba Beltrán, quedaba frente a la casa de nosotros. Cuando lo miré que entró a su casa yo corrí muy recio y con mucho miedo a ir a traer el nixtamal, así como estaba. Ni lo acabé de lavar. Yo tenía mucho miedo a que me fuera a agarrar otra vez. No le dije a mi mamá, ni a nadie lo que me había pasado. Hasta ahora de grande se lo conté a dos de mis hermanas y a una cuñada. Platicar con mis papás de eso era un tema tabú. Con mi mamá nunca había confianza para platicarle a ella lo que nos pasaba o lo que nosotros sentíamos. Nunca nos dio un consejo.

Capítulo 4

Solos en la oscuridad

Cuando Alfredo tenía siete años de edad, mi papá lo dejaba solo en la noche, en aquel cuarto en donde nos tenía cuando nos llevaba a trabajar. Ese cuarto es chico, nomás tiene una ventana y una puerta. La ventana para atrás y la puerta para el frente y es de adobe. Ahí es un lugar sólo, sin luz eléctrica. Nos alumbrábamos con luz de petróleo. Nos platica Alfredo que él tenía tanto miedo que se salió del cuarto y se fue al corral. Ahí había un barranquito. Arrimó un macho a ese barranquito y se montó arriba. Ahí pasó toda la noche. Dice que así era como él se sentía protegido.

Cuando tenía nueve años de edad, también a mí me dejó sola unas veces en la noche cuidándole un montón de frijol, mientras que él se iba con la rula cargada con costales de frijol. Me quedaba sentada en la tierra con la cabeza agachada. Estaba la noche muy oscura y tenía tanto miedo. Cerraba mis ojos porque me daba mucho miedo ver a mí alrededor. Me acuerdo que oía los coyotes que aullaban muy cerca de mí. Ahí nomás alcanzaba a ver las lomas, los arroyos, los táscates y a lo lejos, unas luces de unos ranchitos. Estaba la noche muy fría. Era en el mes de Noviembre y yo no tenía ni ropa gruesa para cubrirme del frío.

Una de las veces me escapé porque no aguanté el miedo. Me fui caminando en la noche, entre los arroyos, las lomas y los táscates hasta que llegué a la casa de Refugia. Me escondí debajo de la cama y ahí duré por largo rato. Cuando me fui a la casa ya todos estaban durmiendo. Al siguiente día que mi papá me vio, me pegó tanto con el chicote que usaba para pegarle a los animales. En la casa ya no había nadie, así es que me pegó hasta que le dio la gana. Me dejó las correas pintadas en las nalgas y parte de mi espalda.

En ese cuarto, donde vivíamos cuando nos llevaba a trabajar, mi papá me llevaba para que le hiciera comida. Mientras que él y mis hermanos estaban trabajando las tierras, me quedaba yo sola. Me acuerdo que era de día, pero yo tenía mucho miedo. Ese cuarto que estaba en medio de dos tierras. No se alcanzaban a ver a mis hermanos, cuando andaban trabajando, porque las tierras quedan en loma. Tenía tanto miedo que hasta lloraba.

Una de las veces mi mamá y mi papá corrieron detrás de mí hasta que me alcanzaron para llevarme allá a ese cuarto en donde me dejaban sola. Una de las veces que me dejaron ahí, oí que alguien toco la ventana. Era un indito que quería comida. Le di tortillas, y algo de comer y se fue. Adentro de ese cuarto había una viga puesta de un lado de la pared a la otra. Ahí colgaban las monturas, los frenos, y las sogas. Enseguida estaba una estufa de leña, un molino para moler nixtamal y una mesita chiquita con dos sillas.

Hubo un tiempo que en ese cuarto mi papá puso un cerco de tablas en la mitad, de un lado al otro, porque allí estaba lleno de mazorcas de maíz. No había lugar para caminar. Nomás un pedacito para salir y entrar. Ahí, arriba de las mazorcas, dormíamos. Había muchas palomillas de maíz. Una vez se me metió una en un oído. Creo que eso era porque había muchas. Estuve muy mal del oído por días, y sentía mucho zumbido. Después ya no me molestaba. Me imagino que ahí se murió la palomilla.

El camino de la casa al potrero es un camino no transitado por trocas. Ahora en estos tiempos, nomás la troca de Cástulo recorre ese camino. Siempre me daba mucho miedo cuando tenía que caminar un poco por un arroyo. El transcurso de ese camino, caminándolo era largo, y cuando pasaba ese arroyo me daba mucho miedo. No podía evitar sentir ese miedo cada vez que pasaba por ahí. También a Alfredo le tocó caminar del potrero a la casa sólo en la oscuridad.

Otra vez que me mandó mi mamá a ese potrero, me faltaba un poco para llegar, e iba caminando con la mirada hacia abajo, cuando de repente miré una víbora gruesa de más o menos un metro de largo. Ya mero la pisaba, y me dio tanto miedo. Le aventé con una piedra para espantarla y se metió adentro de un agujero junto a un tronco de un táscate.

En veces que mi mamá me mandaba sola a ese cuarto del potrero a hacerle comida a mi papá, me encontraba con un señor conocido de ahí del pueblo. Andaba a caballo. Creo que andaría buscando sus vacas. O sea que aparte de los maltratos que pasábamos con mis papás también estábamos en peligro que nos fuera a pasar algo, pero a mis papás de eso no les importaba.

Mi abuelita les pagaba a mis hermanos para que le regaran la labor. Me platica Juan de una vez que estaba la noche muy oscura, y estaba solo, regando. En esa labor había un cuartito de adobe. Dice que cambio el agua y camino al cuartito oscuro. Cuando entró miró que alguien estaba ahí.

Dice que tenía la pala en la mano y al tiempo que levantó la pala para darle, el hombre le habló, "Soy yo."

"Me asustaste." le dijo mi hermano. "Por poco te doy con la pala."

Era un hombre que vivía ahí en el mismo pueblo. Me imagino yo, que el propósito de él era asustarlo. Aparte de lo que pasamos con mis padres también nos pasaban cosas con otras gentes.

Hubo un tiempo que mi papá se quedaba sólo en el cuarto del potrero. Para nosotros estaba mejor que allá se quedará, porque era cuando nosotros descansábamos un poco de los maltratos. De repente dejó de quedarse allá. Platicó que hubo noches que cuando estaba dormido despertaba porque sentía un peso en el cuerpo, como si alguien lo aprensaba.

Otra vez, cuando éramos niños, Alfredo y yo íbamos al potrero en el caballo. Alfredo iba montado en la montura y yo en las ancas del caballo. Había un arroyito muy angostito. En vez de rodearlo por otro lado, Alfredo hizo que el caballo lo brincara. Cuando brinco yo me caí. Gracias a Dios que no me pasó nada. Después nos daba risa. Me subí, otra vez, al caballo para acabar de llegar.

Capítulo 5

¿Está Mi Papá?

Cuando los hermanos más grandes crecieron, ya les gustaban los bailes, las muchachas y no tenían dinero. Decidieron ir a trabajar a una tienda cercas de la casa.

Mi papá se enojó mucho y le dijo a mi mamá "No me les des comida a estos cabrones." Los pobres de mis hermanos estuvieron mucho tiempo cuidándose de mi papá.

Iban a escondidas a tocar la ventana de atrás de la casa preguntando a quien estuviera ahí, "¿Está mi papá?"

Si estaba se iban los pobres, y si no estaba entraban a la carrera a comer algo, y se apuraban para que mi papá no los fuera a hallar ahí. Finalmente empezamos colocando un paño rojo sobre la cerca del frente de la casa como una señal. Si el paño estaba en la cerca, significaba que mi padre ahí estaba; Si no estaba, significaba que mi padre no estaba en la casa.

Una vez mi papá, halló a Juan ahí adentro de la casa. Lo golpeó tanto, lo arrincono en un rincón y le dio con una silla. No se lo podíamos quitar. Tuvimos que pedir auxilio a los vecinos para que vinieran a quitárselo.

En otra ocasión, una noche estaban esperando a Juan que llegara. Lo tiraron al piso. Mi mamá se subió arriba de él y le detenía las manos. Mi papá le cortó el pelo con las tijeras que usaban para cortarle la lana a los borregos. Estuvieron en peligro de cortarle una oreja porque mi hermano se movía. Él quería zafarse de ellos el lloraba. Le dejaron el pelo todo mal cortado. Ese era el propósito de ellos, que se mirara mal. En otra vez, mi papá, pegándole, le quebró la nariz.

Él se fue de la casa huyendo de mi papá nomás con unos cuantos centavos para pagar el pasaje de un camión que lo llevó rumbo a una ciudad donde vivía Francisco. Llegó a la ciudad sin conocer a nadie, sin dirección, y sin número de teléfono porque mi hermano en ese tiempo no tenía. Encontró un señor que le dio trabajo en una engorda. Pasaron los días y seguía trabajando. Gracias a Dios que le puso en su camino a ese señor. Un día en la calle miro a un tío de una cuñada y así fue como hallo a Francisco. Otra vez, también a Juan le aventó con una piedra y alcanzó a darle en la palma de la mano. Se le rompió un pedacito de piel.

Días antes de la boda de Cástulo, Juan estaba ayudando a Cástulo a pintar la casa donde iba a vivir después de casado. Porque no le ayudo a mi papá a hacer algo de trabajo por estar ayudando a Cástulo, mi Papá le aventó una piedra, le dio en la cabeza y lo desmayó. Le dieron auxilio en la casa de la vecina de Cástulo, los vecinos y gente que sabía de los maltratos que vivíamos. Nadie sabía cómo ayudarnos porque a mi Papá se le tenía miedo.

Juan me conto una historia, de un día que mi padre necesitaba ir a la ciudad para hacer algunas compras. Le pidió a el dueño de la tienda, que, si lo podría acompañar, porque el dueño iba el día siguiente a la ciudad para comprar mercancía para la tienda, y le dijo que sí. No sé por qué esa vez mi papá se llevó a Juan. Él estaba niño en aquel tiempo. Nosotros casi no nos paseábamos en troca y menos en un tráiler. Me platica Juan que esa noche casi ni durmió nomás de pensar que al siguiente día en la madrugada se iba a pasear en el tráiler. Dice que del pueblo a la ciudad se fue con el dueño y mi papá en la cabina del tráiler. Iba con el cuello bien estirado. Quería que alguien lo viera que iba en el tráiler.

De allá para acá él quiso venirse atrás del tráiler.

Le dijo el dueño, "No vayas abrir las cajas muchachito."

Juan le dijo que no. Me platico Juan que él venía con tanta hambre y él estaba entre la tentación. Comió plátanos todo el camino. Antes que llegaron escondió las cascaras atrás de las cajas.

También Juan me platica que se robó unos huevos de gallina del corral de una viejita que vivía cerca a la escuela. Se los robo para venderlos y lo miró la viejita. Esa viejita era madrina de mi mamá. Todos los días que íbamos a la escuela pasábamos por enfrente de la casa de ella.

Un día me gritó la viejita, "Muchachita venga acá." Me dijo, "dele este papelito a su mamá."

Yo lo agarre y se lo lleve a mi mamá. En el papel iba la queja escrita que decía que Juan le estaba robando los huevos.

Ahora se acuerda Juan y me dice, "Tú tuviste la culpa. Tú le llevaste el chisme a mi mamá escrito en el papel."

Son vagancias que hacía y ahora se acuerda uno y nos da risa. Esa vez no le pegaron, nomás porque mi mama no le dijo a mi papá.

Capítulo 6

Los Domingos y Los Días Festivos

También me acuerdo una vez que mis hermanos mayores se hallaron una bicicleta tirada en el río y se la llevaron a la casa. Para nosotros una bicicleta era algo muy especial. Estábamos impuestos a no tener nada. La teníamos en un cuarto y todos los días nos subíamos a aprender a darle, porque no sabíamos. Ya después la sacamos para afuera del patio de la casa. Ahí teníamos más lugar y ya casi estábamos aprendiendo a andar en ella. Una vez mi papá nos miró que andábamos en la bicicleta. Un día muy temprano en la madrugada, yo lo vi que agarro la bicicleta, y fue y la tiró en el río. Esa vez estaba el río muy crecido y se la llevo.

En el río, en aquel tiempo estaba bonito. En una orilla hay unos álamos. Todavía están ahí, pero en aquel tiempo estaban muy bonitos. Los álamos estaban todos formados en forma de rectángulo largo. Ahí en medio de esos álamos, a veces había tardeadas. Se juntaban muchachos y muchachas. Llevaban música y luego se hacía el baile. También hacían los bailes al revés, en vez de que los muchachos invitaran a bailar a las muchachas, nosotras invitamos a los muchachos. Muy suave eran todas las diversiones. También, ahí había veces que se juntaba gente de otras partes para hacer día de campo. Muy seguido había gente ahí.

El veinticuatro de Junio, el día de San Juan, se mojaba la gente. Era muy divertido. Adultos y niños andaban con baldes de agua y la gente que estuviera descuidada, los mojábamos o nos escondíamos para que no nos vieran y de repente salíamos con el agua y mojábamos a quién estuviera ahí o a quien fuera caminando, o ellos nos mojaban a nosotros. Según la tradición católica, en la madrugada está el agua bendita, mucha gente se bañaba muy temprano.

Cuando éramos niños, cuando teníamos tiempo, mis papás en veces nos dejaban jugar con las amigas. Mis amigas y yo hicimos un columpio en un árbol grande de peras. Ese árbol está atrás de la casa en donde vivíamos con mis papás. Bajábamos la loma y está una sequía. Ahí en las orillas de la sequía estaba ese árbol de peras, otros de chabacanos y otros de membrillos. Nunca supe de quién eran. La gente agarraba esa fruta de ahí, aventando piedras para arriba del árbol para que cayera fruta. Mis amigas y yo hicimos un columpio, con una soga, de ese árbol grande de peras. Luego nos subíamos arriba de una loma que era pura peña. Nos subíamos con todo y columpio y luego nos sentábamos y nos dábamos vuelo. El columpio alcanzaba a llegar hasta la orilla del barranco del río. Ahora me pongo y pienso, si nos hubiéramos caído, nos hubiéramos dado un golpe, pero bien dado. Nosotros éramos niños, no pensábamos en el peligro.

Mi hermana Leticia jugó a las muñecas, hasta que ella tenía 15 años, con unas amigas, Alicia y Lucina. Las amigas ya no tenían el papá. Había muerto varios años atrás. Ellas vivían con la mamá y un tío. Tenían otra hermana y hermanos y ellos tenían una tienda cercas a donde nosotros vivíamos. Ese barrio antes era muy alegre. Siempre había gente ahí que llegaban en trocas, carros, caballos, burros, y en las rulas, o sea carretas que caminaban jalándolas con machos. Ahí compraban el maíz, el frijol, marranos, y fruta. En la noche cuando había luna, a veces nos juntábamos niños y niñas a jugar a los encantados. Mi hermana y esas amiguitas jugaban a las muñecas. Casaban la muñeca, creo que esa muñeca era mía. La casaban con el muñeco de la amiga. Ellas mismas le hacían el vestido de novia a la muñeca y el traje del muñeco novio. De la tienda agarraban las blondas, las telas, y todo lo que necesitaban para los novios.

Se preparaban con tiempo y luego escogían el día de la boda.

Muchas veces hacían las bodas en la bodega, pero las amigas le decían a Leticia, "tú pídele la bodega a mi tío a ver si nos la presta."

Dice mi hermana que ella iba con Don Ramiro, tío de las amigas y le decía, "Oiga, nos puede prestar la bodega, porque fíjese qué mi muñeca se va a casar con el muñeco de Alicia." Dice Leticia que el Señor le sonreía y le decía que sí. Cuando

casi se estaba llegando el día de la boda, Don Ramiro mandaba
a sus trabajadores que desocuparan la bodega para que estuviera
lista para el mero día. Se hacía la ceremonia. Parecía como si
de veras fuera una boda de verdad. Había comida, se juntaba
niños y niñas y gente adulta. En la noche se hacía el baile con
música de tocadiscos. Se juntaban muchachos y muchachas a
bailar. Yo estaba muy niña, a mí lo que me gustaba era comer.
Ahí comíamos muy bueno. Cuando se acababa la fiesta, que
ya la gente se iba cada quien, a sus casas, dice Leticia que ella
quería llevarse la muñeca.

Le dijo Alicia y Lucina, "No, no te la puedes llevar ya está
casada."

Pasaba el tiempo y luego le daban la muñeca, muy suave
jugaban ellas.

Otra vez, también jugaron, pero esa vez casaron a mi
hermano Francisco con Lucina. El vestido de novia de Lucina
era el que usó cuando hizo la primera comunión, y también
hicieron la ceremonia y todo como si de veras fuera una boda
de verdad. Esa vez pasearon a los novios en la carrucha.

Otra vez jugaron a las casitas atrás de la casa en donde
vivíamos nosotros. Bajábamos la loma y ahí cercas de la noria
había dos lugares que tenían unos tacastes. En medio de los
tascates era la casa de Alicia y en el otro lugar era la casa
de Lucina y hacían otra casita con piedras que era la casa de
Leticia. Luego hacían teléfonos con botes y cordón. Según
ellas, se hablaban por teléfono de casa a casa. Jugaban con las

muñecas y hacían comidita. Tan siquiera jugando era un poco de tranquilidad y diversión, pero después teníamos que ir a la casa y otra vez a lo mismo, a los maltratos qué vivíamos día con día.

Recuerdo de un año que se estaba llegando la Navidad, yo me hallé cien pesos en el camino de la suegra de mi hermana, Beatriz, rumbo a la casa de mis papás. Esa vez me di yo sola mi navidad. Fui y me compré un jueguito de trastes y una pelota. Después me di cuenta que el que perdió los cien pesos era mi cuñado, Javier, y yo me los hallé, pero nunca le dije, hasta ahora de grande. Ya después nos daba risa.

A veces íbamos a las posadas nueve noches antes de Navidad. A veces ponían el pesebre enfrente del altar de la iglesia, pero con todo de verdad. El señor San José era un primo de nosotros y la Virgen María, una vez, fue una sobrina de nosotros. Ponían el pesebre con un bebé, la borreguita, y el becerrito de verdad. Todo era muy suave.

En la navidad mi mamá nos decía escríbale un papelito al niño Dios, porque no nos decían de Santa Claus. Escribíamos el papelito y lo poníamos en una rendijita que tenía la puerta. Lo que pedíamos era un juguete. Juguetes casi no nos traía, nomás dulces, cacahuates y naranjas. Según Niño Dios, los ponía en la cabecera junto a la almohada. Dormía en ratitos. Yo quería ver al niño Dios qué entrara al cuarto, porque sí creíamos. Despertábamos muy temprano, muchas veces en la madrugada. Habríamos la bolsa y nos poníamos a comer los dulces, cacahuates y naranjas. Un cascarero que hacíamos en la cama.

En un año que llegó Francisco de acá de Estados Unidos dos días antes de la Navidad, yo lo vi que escondió una maleta en el ropero y cerró la puerta con llave. Yo busqué la llave y la encontré. Abrí el ropero sin que nadie me viera, abrí la maleta y adentro había juguetes. Despertamos en la madrugada y esos juguetes que yo había visto estaban junto a la almohada. Eran juguetes para Alfredo, Jaime y para mí. Andábamos muy contentos porque teníamos juguetes. Fue entonces cuando ya no creí que el niño Dios los traía. Yo después pensaba, *por eso no nos traía juguetes, porque mi papá era duro para gastar el dinero.*

El 20 de Mayo, es el día del pueblo en donde vivíamos. Ese día había misa. Iban gentes de otras partes y ponían puestos de cosas que vendían. Gentes con carritos de paletas heladas, ponían carpas con gente jugando a la lotería, iban las sillitas voladoras y la rueda de la fortuna. Ese día la gente estrenaba ropa y zapatos. En la noche el baile se llenaba con gente que también iba de otros pueblos.

En la noche antes del día de la madre, el diez de Mayo, había veces que nos quedábamos en una clínica que tenía cuartos desocupados. Nos despertábamos antes de que aclarara el día para cantarles las mañanitas a las madres. Íbamos niños, niñas, y maestros caminando y otros arriba de una troca por la calle. En otra troca iban los músicos y gente caminando.

Me platica Leticia que una vez cuando ella cuidaba a mi abuelita, se llegó el 10 de Mayo, día de las madres. Unas amigas la invitaron que fuera con ellas a las mañanitas a cantarles a las mamás. Leticia le preguntó a la prima, Amanda, si se podía quedar con mi abuelita, y le dijo que sí. Mi abuelita también era abuelita de ella.

Al siguiente día mi hermana y sus amigas se fueron a las mañanitas muy temprano. Todavía estaba oscura la noche, e iban en la calle cantándoles a las mamás. Iban llegando cerca a la casa de mi tío, papá de Amanda. En eso Leticia miró que Amanda andaba ahí entre la gente. Se fue dejando a mi abuelita sola. Leticia ya no pudo seguir en las mañanitas. Tuvo que irse con mi abuelita e invitó a una de sus amigas que fuera con ella.

Cuando llegaron a la casa estaba la luz prendida. Era en aquel tiempo que no había luz eléctrica, nos alumbrábamos con luz de petróleo. Mi hermana apagó la luz para irse a acostar a dormir.

Al tiempo que apagó la luz le dice la amiga, "Ahí miré a alguien afuera en el patio de atrás."

Mi hermana quedó muy asustada y ya con la luz apagada.

Le dijo a la amiga, "Quédate aquí conmigo."

Le contesto, "No, yo ya me voy a las mañanitas."

Dice mi hermana, "Estuve muy asustada. Me fui a oscuras al cuarto en dónde estaba la cama. Me acosté y me tapé hasta arriba. Después ya estaba sudando y tenía miedo para destaparme. De rato sentí un peso que se subió arriba de mí.

Más miedo me dio. Era el gato. Así estuve con miedo hasta que amaneció."

Cada año andaba la Virgen María ahí en el pueblo. En cada casa que tocaba tenían que prepararle su altar. Estaba la virgen dentro de una caja de vidrio. La cargaban entre dos personas, caminando y la gente cantando y rezando. Hasta que llegaban con ella a la casa que tocaba. La ponían en el altar y luego hacían el rosario y tiraban cuetes. Después de la celebración se iba la gente. La virgen ahí se quedaba toda la noche hasta el siguiente día en la tarde, y otra vez se juntaba la gente a hacer el rosario, para despedir a la virgen. Luego la llevaban a otra casa, y otra vez la gente caminando, rezando y cantando y el rosario ahí, en esa otra casa, hasta que la virgen recorría todas las casas del pueblo. Después que la virgen había estado en todas las casas del pueblo, la llevaban a otro pueblo y así hasta que se llegaba el siguiente año y otra vez lo mismo.

El doce de Diciembre, en la iglesia en la madrugada había mañanitas a la Virgen de Guadalupe. La semana santa era cuando mi mamá hacía pan y era cuando íbamos a la iglesia casi toda la semana.

En México, el treinta de abril es el día del niño. Para nosotros era como cualquier otro día. Nomás mi papá era feste-jado cada año por el día veintinueve de Junio, como si hubiera sido un padre ejemplar. Tan siquiera ese día, había veces que no había discusiones o pleitos. Todos los años mi mamá hacía tesgüino unos días antes para que ese día estuviera en su mero punto listo para tomarse.

El tesgüino es un trago que se hace de maíz. Se remoja el maíz en un costal y así se deja por días hasta que nacen las raíces. Luego se destiende y se pone a secar al natural con el sol. Después lo molíamos y lo ponían a cocer con agua en un caso afuera con lumbre de leña. Lo colaban y le ponían los ingredientes y a menearle por horas hasta que esté listo. Después lo ponían en ollas de barro. Entre más tiempo esté en las ollas, más fuerte se pone, así como si le hubieran puesto tequila. Gente se juntaba ahí a tomar el tesgüino. Iban unos músicos a tocar ahí y avía veces que se hacía el baile. Tan siquiera ese día teníamos un poquito de tranquilidad, pero luego seguía el siguiente día y otra vez a lo mismo. Mi papá ante la gente aparentaba, no parecía que fuera malo con los hijos.

Capítulo 7

Jaime

También me platica Beatriz de una vez que oyó a mi mamá que le decía a mi papá, "Mira Severiano, ahí te tengo a Jaime encerrado."

También a mí me tocó oír eso muchas veces. Esa vez mi papá agarró un mecate y lo golpeó tanto que lo dejó bañado en sangre, lo llevó al cuarto de la pastura, lo amarró, y ahí lo dejo encerrado. Mi mamá ni le daba comida.

Mis hermanos mayores recuerdan ver visto cuando mi padre amarraba a Jaime, desde que él tenía cuatro años en adelante. Cuando lo golpeaban, siempre le quitaban la ropa y lo dejaban amarrado de las manos y los pies con unos mecates o con una cadena con candado. Lo amarraban por cualquier cosa. Parece ser que desde que nació, nunca lo quisieron.

Lo amarraban en el táscate que esta junto a la casa, lo encerraban en un cuarto oscuro, donde mi padre tenía la guarnición del caballo y los machos, en otro cuarto oscuro que le decíamos la galera, en donde alzaban maíz y frijol, y en otro cuarto oscuro en donde alzaban pastura para los animales. En todos esos cuartos lo encerraban, lo amarraban, lo golpeaban, y todo el tiempo le quitaban la ropa. Nosotros nos preguntamos ahora, ¿qué puede haber hecho una criatura de cuatro años para merecer tan cruel castigo?

Cuando lo encerraban en el cuarto de pastura, había veces en la noche, que yo me salía para afuera, mientras que todos estaban durmiendo y me iba por los corrales y me sentaba en el marco de la puerta. No todo el tiempo porque era mucho miedo para mí estar tan cerca a los animales, pero sí fui unas veces. No podía meterme adentro del cuarto con él porque le ponían candado a la puerta.

Para llegar al cuarto teníamos que entrar por un corral grande y otro más chico en donde había machos, mulas y a veces el caballo. Ahí está la puerta para entrar a ese cuarto oscuro de pastura.

Yo le decía, "Jaime no llores, aquí estoy sentada junto a la puerta."

Él me decía, "No te vayas."

"No, aquí estoy".

Allí me estaba hasta que él se quedaba dormido, ahí amarrado hasta el siguiente día.

Una vez que mi padre traía Jaime en la rula amarrado, un señor miró y le pregunto "¿Por qué traes a ese muchacho así?"

Mi papá se molestó y se enojó porque le preguntó. En otra ocasión que mi papá estaba amarrando a Jaime y golpeándole otro señor, al que mi papá le vendía leche, miro lo que estaba pasando. En vez de defenderlo se reía. Ese señor hace varios años que murió. Esta crueldad mi papá y mi mamá la hicieron por años. Eran unas personas enfermas de la violencia y los abusos.

Una vez mi papá nos mandó a Jaime, a mi mamá, y a mí, a ir a traer unos marranos, de un corral que tenía en el potrero que estaba retirado de la casa. Fuimos y los trajimos caminando. Mi mama y yo traíamos un balde con agua para echarles a los marranos, porque estaban tan gordos que se nos echaban en la tierra a cada rato para descansar. Era el tiempo de calor y así le hicimos hasta llegar con ellos al corral de la casa.

Jaime no fue con nosotros porque estaba enfermo. Cuando mi papá lo miró acostado en la cama se dio cuenta que no fue con nosotros y lo golpeó mucho.

Jaime le decía, "Es que estoy enfermo."

A mi papá no le importó y lo seguía golpeando. Tengo tan presente esa vez porque después de que mire que lo golpeó tanto mi mamá me mandó a la tienda. Me acuerdo que frente a la tienda estaban unos señores sentados tomando cerveza. Cuando salí de la tienda e iba andando para la casa, como a los cinco minutos uno de esos señores se murió, ahí le pegó un ataque al corazón. Él era papá de una amiguita que tenía yo.

A veces Jaime no llegaba temprano a la casa por miedo a mi papá y se iba mi papá montado en el caballo a buscarlo. Llevaba una soga, y cuando lo encontraba lo lazaba y así se lo llevaba a la casa, como si fuera animal y a lo mismo a quitarle la ropa, golpearlo y amarrarlo.

En otra ocasión mi papá tenía amarrado a Jaime, con una cadena con candado, en el táscate que está junto a la casa. Un amiguito de él iba pasando por ahí y lo miró que estaba amarrado. El niño fue a su casa, trajo varias llaves, y una de esas llaves le quedó al candado. El niño lo soltó. Mi papá en esos momentos no estaba en la casa.

Ahora nos preguntamos y no entendemos a mi mamá. ¿Cómo podía dormir tranquila sabiendo que Jaime estaba amarrado toda la noche? Muchas veces cuando mi papá no estaba en la casa mi mamá lo encerraba.

Cuando mi papá llegaba le decía, "Ahí te tengo a Jaime encerrado."

A veces le decía mi papá, "Dame comida primero."

Acababa de comer y luego iba y lo golpeaba.

Todos nosotros nacimos con partera. Nomás Jaime nació en hospital porque mi mamá se miró muy mal para que él naciera. Recuerdo que mi papá todo el tiempo andaba diciendo que a él se lo habían cambiado en el hospital. Cosa que nunca se comprobó y ni el intento hizo. Era algo que él nomás decía. De todos modos, no tenían por qué tratarlo así.

Jaime una vez se vino a una ciudad huyendo de mi papá, cansado de los maltratos que le daba. Duró unos días perdido, caminando por la calle en una ciudad que ni siquiera conocía.

Una tía de nosotros, hermana de mi mamá, lo halló caminando por la calle. Esa tía ya murió en el año 1999.

En Enero del año 2007 hubo una discusión muy fuerte entre Cástulo, Jaime y mi cuñada, esposa de Cástulo. Tengo entendido que la cuñada, Refugia, tuvo mucha culpa en este pleito. A Cástulo siempre lo ayudó mi papá y a Jaime siempre lo han despreciado. Fue tanto el coraje de Jaime que les quebró una puerta y unos jalones de cabello a la cuñada y mi papá creo que también tocó. Cástulo y mi papá mandaron traer a la policía. La policía se llevó a Jaime a la cárcel de un pueblo. Tengo entendido que Cástulo y mi papá pagaron dinero para que se lo llevaran de la cárcel del pueblo a otra cárcel de la ciudad. Jaime nomás pasó una noche ahí. Tantas injusticias que hizo mi papá con nosotros. Esa fue la primera vez que mi papá fue citado ante una corte. Había otra gente ahí testigando por Jaime. El juez se dio cuenta de las injusticias que hicieron con él. De algo, no de todas. Jaime quedó libre. Ni el dinero, ni las palabras de mi papá y de Cástulo valieron ahí. Me imagino que les ha de haber dolido mucho el dinero que gastaron para nada.

Cástulo, unas veces, ayudaba a mi papá a maltratar a Jaime. Cástulo varias veces también lo amarró de los pies y de las manos. Unas veces se iba a buscarlo montado en caballo y se lo llevaba a mi papá lazado con la soga para que mi papá lo amarrara, lo golpeará, lo encerrará y le quitara la ropa.

En otra ocasión Jaime se fue con un compañero, huyendo de los maltratos que le daba mi papá. Se fue en un tren carguero rumbo a la frontera de los Estados Unidos. Pasaron, pero los agarro migración y los echaron por otro rumbo. Llegaron a una ciudad y ahí trabajaron por un tiempo. Después tuvo que ir otra vez a la casa a vivir lo mismo de siempre.

Me platico Jaime que una vez andaba trabajando en el potrero, haciendo una parba de frijol. Una parba es cuando juntaban las plantas de frijol y hacían un montón grande y los desgranaban caminando los animales arriba del montón. Esa vez andaba Cástulo montado, caminando al caballo arriba del montón de plantas de frijol. Jaime andaba caminando, pero como un esclavo arriba del montón, deteniendo con sus manos las riendas de dos machos que también andaban arriba pisando las plantas de frijol para que se desgranaran. A Jaime se le enredaron las riendas de los animales y Cástulo se enojó y se bajó del caballo para pegarle a Jaime. Jaime, lo primero que vio para defenderse era una horquilla.

Jaime ya estaba un poco más grande y alcanzó a clavarle un poquito del pico de la horquilla en una pierna de Cástulo. Pronto fue Cástulo y le dijo a mi papá. Iban a golpear a Jaime y Jaime corrió a uno de los ranchitos que se alcanzan a ver de ahí. Mi papá mando a traer la policía de la ciudad, pero la policía no lo halló. De ahí Jaime se fue y se escondió en la casa en donde vivía Francisco. Pobre Jaime, tuvo que andar muy lejos para llegar a donde vivía Francisco. Ahí se estuvo unos días hasta que se calmaron las cosas.

Me platica Jaime que en otra ocasión que también andaban en el potrero, mi papá lo traía golpeándolo. Esa vez ahí estaba José, el esposo de Lucrecia, y lo defendió. No permitió que mi papá lo siguiera golpeando.

Un día andábamos recogiendo lo último de la cosecha. Jaime estaba más grande y quería comprarse un pantalón y un sombrero. Le pregunto a mi papá sí le daba dinero y mi papá no quiso darle, como siempre. Mi papá nomás quería que le hiciéramos el trabajo sin merecernos nada. Como no le dio, Jaime y un amigo agarraron la rula y la cargaron con costales de frijol para llevarlos a la tienda y venderlos. Cuando iban con la rula cargada con costales de frijol, a lo lejos vieron a mi papá que venía por el mismo camino. Jaime y el amigo se bajaron de la rula, poncharon las llantas y corrieron. Como no podía mover la rula porque estaban las llantas ponchadas, mi papá desprendió los animales y se los llevó al corral. Después Jaime y el amigo fueron y trajeron la rula del papá del amigo y cambiaron los costales de la rula de mi papá a la otra y fueron y vendieron el frijol. Enseguida, fueron y dejaron la rula en donde vivía el amigo.

Después fueron al corral que está junto a la casa en donde nosotros vivíamos y agarraron el caballo, sin que mi papá los viera, y se fueron a otro pueblo en el caballo. Agarraron el camión pasajero que los llevó rumbo a la frontera Americana. Ahí dejaron el caballo y el caballo solito llegó al corral que está junto a la casa. Jaime y el amigo se vinieron para Los

Estados Unidos de ilegales. Llegaron a donde vivía Leticia en aquel tiempo. Ahí estuvieron trabajando casi dos años, hasta que los agarró migración. Para mí, eso no era robo. Nosotros trabajamos y de alguna manera teníamos que hacerle para vestirnos. Lo que queríamos era crecer y salirnos de esa casa.

Tantas injusticias que Jaime sufrió con mis papás, él tiene el mismo nombre del primer hijo que tuvieron mis papás. El que murió a los nueve años. Jaime es el recuerdo de ese hijo muerto. Mis papás lo hubieran querido por llevar ese mismo nombre, pero fue todo lo contrario. De los hermanos hombres fue al que más peor maltrataron. Mi papá fue su verdugo para él.

Cuando mis hermanos se venían de ilegales, corridos por mi papá o huyendo de mi papá por los maltratos qué les daba, pasaban los días y por fin escribían. Había veces que les iba bien, y había veces que la inmigración los agarraba. En aquel tiempo no se comunicaban por teléfono, porque solo había un teléfono en todo el pueblo, que estaba en una tienda. La manera para saber de ellos era por medio de carta. A pesar de tanto maltrato que pasaban con mis papás ellos se comunicaban por carta con mi mamá, y así también nosotros sabíamos de ellos.

Me acuerdo que había un cuervo que iba y se paraba en el poste de la luz que está en frente de la casa de mis papás. Ahí se paraba el cuervo a cantar.

Mi mamá decía, "Va a ver carta. Vayan al correo," y si había carta.

Siempre salía cierto, no sabíamos si era el mismo cuervo o no.

En veces cuando mis hermanos iban a visitar de Los Estado Unidos, iban en carro o troca. Mi papá decía que lo hacían por presumidos y se enojaba. Él nunca supo cómo se vive la vida acá. Él no sabía que aquí tener un carro no es un lujo, es una necesidad.

Hablé por teléfono con mi hermano Jaime y le dije todo lo que yo me acordaba, de cosas que le pasaron a él.

Le dije, "Acuérdate tú, a la mejor hay algo que te pasó que yo no vi."

Me dijo que mi papá lo golpeó con una batea de esas que son como una bandeja larga de madera. Con eso le pegó en la cabeza y lo desmayó y cuando estaba en la escuela a veces le daban desmayos.

Mi padre tenía varias tierras en donde le ayudábamos sembrar maíz y a veces frijol. A una le decíamos La Parcela, otra le decíamos El Repartidor, El Potrero Grande, El Potrero Chiquito, las tierra de mi mama y El Ojito. Según le decían El Ojito porque tenía un manantial de agua buena para tomar. Me platicó Jaime que cuando tenía ocho o nueve años de edad, mi papá, unas veces, lo dejaba solo en El Ojito toda la noche cuidando un montón de frijol. Dice Jaime que se hacía una casita con tazoles. El tazole es la pastura para los animales. Dice que ahí se metía adentro porque estaba frío. Era en el mes de Noviembre y de Diciembre. Dice que no tenía cobija para taparse y en la madrugada lo despertaba el frío y los ratones. Mientras mi papá y mi mamá dormían calientitos, él se estaba entiesando allá solo. Dice que otras veces también lo dejó allá en el potrero en la noche, igual cómo me dejó a mí, a Alfredo y a todos los demás.

Otra vez que fui con mi familia al pueblo en donde vivíamos con mis papás. Uno de esos días, mi papá invito a mi esposo que fuera con él a una de las labores. Ahí tenía mi papá unos animales. Cuando se vinieron, iban caminando y se trajeron esos animales con ellos porque los iban a dejar en el ojito. Mi papá dejó a mi esposo cuidándole un burro en la orilla de la carretera, mientras que él iba caminando con los otros animales rumbo al ojito.

En ese tiempo yo estaba en la casa con mi mamá, y me mandó que fuera a comprar tortillas.

En eso me dijo Francisco y Juan, "No vayas, nosotros la traemos."

Se fueron mis hermanos, con un amigo en la troca de él. Cuando iban en el camino, miraron a mi esposo que estaba en la orilla de la carretera deteniendo al burro con una soga. Pararon y uno de mis hermanos le pregunto a mi esposo, "¿Qué está haciendo cuñado?"

Le contesto, "Pues aquí me dejó su papá cuidándole el burro."

Le dijo mi hermano, "Déjelo ahí y vengase."

Mi esposo le hizo caso, y se subió en la troca con ellos.

Cuando iban en el camino alcanzaron a mi papá casi llegando al ojito. Mi papá no conoció la troca, ni a sus hijos, ni el amigo. Nomás conoció a mi esposo. Mi papá llegó al ojito, metió los animales y cerró la puerta del cerco. Lo primero que pensó fue conseguir un rait y llegar al siguiente pueblo. Él pensó que a mi esposo se lo habían robado. Alguien le dio rait y llegó a ese pueblo. Fue y puso la denuncia a la presidencia y les dijo que se habían robado al yerno.

Cuando salió de la presidencia, paso la troca por ahí. Mis hermanos miraron a mi papá y pararon.

En eso le dice mi papá a mi esposo, "Muchacho carajo. ¿Que no te dejé cuidando el burro? Yo pensé que te habían robado. Mira nomás, ya hasta puse la denuncia."

Le dijeron mis hermanos a mi papá, "¿Pues qué no nos conoció a nosotros?"

Mi papá les dijo que no.

"Vaya y dígales que ya lo encontró."

Mis hermanos se llevaron a mi papá con ellos y lo bajaron en donde mi esposo había dejado el burro. Ahí estaba el burro en donde mismo, comiendo pasto. Mi papá se fue caminando con el burro para llevarlo al corral.

Después le hacían bulla, mis hermanos a mi esposo, "Oiga cuñado, siempre sí lo quiere su suegro. Mire nomás en qué apuro lo puso."

Llegó mi papá a la casa platicándonos lo que creía que había pasado.

En otra ocasión, fui con mi familia al pueblo donde vivíamos con mis papás, a bautizar la niña de Jaime. Mi cuñado, Javier, les había regalado unas resorteras al niño de Jaime y a los niños míos, que en aquel tiempo estaban chiquitos. Se llegó el día del bautizo y los niños míos estaban tirando con sus resorteras junto a la placita que quedaba poco retirada de la iglesia. Los niños no estaban haciendo daño a nadie. El niño de Jaime no estaba tirando. El traía su resortera en la bolsa del pantalón. Parece ser que a mi papá no le gustó que los niños estuvieran jugando con sus resorteras. Cuando comenzó la misa la gente ya había entrado a la iglesia. Los niños fueron los últimos en entrar. Mi papá los estaba esperando y le dio una cachetada al niño de Jaime. Pobre niño ni estaba jugando. Ese mal recuerdo del abuelito le quedó hasta el presente. A la mamá le dolió mucho que le pegó a su niño. La pobre hasta lloró. Mi papá no respetó ni la iglesia y todavía mi mamá le dijo a Verónica, la mamá del niño, que no le fuera a decir a Jaime que mi papá le pegó al niño. En otra ocasión también les pegaron a otras nietas.

Capítulo 8

Madre

Mi madre y mi padre iban a misa todos los Domingos, pero, aun así, de todos modos, había maltratos con los hijos. Nunca actuaron como personas religiosas, fuera de la iglesia. Mi mama, muchas veces fue cómplice, porque ella le ayudaba a mi papa a golpearnos, pero ella también le toco ser víctima de él. Recuerdo a mi madre llorando mientras hacía sus quehaceres después de que mi padre la golpeaba frente a nosotros. Había veces que mi padre le escondía sus dientes postizos, para castigarla. Muchas veces cuando mi padre estaba enojado con ella, le llamaba "Honda". Sé que en inglés se traduce a una marca de coche. No sé qué quería decirle con eso, pero estoy segura de que no era algo agradable. Otra vez mi padre iba a golpear a mi madre con una barra de fierro porque ella había ido a la iglesia sin dejar comida preparada. Tiró la barra, pero no le pego porque mi cuñada, Sulia, jalo a mi madre para un lado.

Otra vez que también fuimos al pueblo en donde vivimos, al siguiente día íbamos a ir a la ciudad a visitar a mi hermana Beatriz. Ese día mi papá no estaba en la casa. Invitamos a mi mamá y ella no quería ir, porque tenía que hacerle comida a mi papá.

Le dijo mi cuñada Refugia, "Váyase. Al cabo yo le hago comida a Don Severiano."

Mi mamá se alistó y al tiempo de irnos llego mi papá. Ya todos estábamos sentados en el van listos para irnos. Mi papá no la dejó ir. Mi papá traía una oz en la mano, de esas que son para cortar hierbas, y le hacía con la oz con ganas de engancharle el cuello.

Le decía, "¡Se me baja de ahí sí nomás quieres una chanza para largarte!," y no la dejó ir.

Mi papá era un hombre tan posesivo, machista y autoritario. Mi mamá tenía que darle todo en la mano. Había veces que mi mamá estaba enferma y así se tenía ella que levantar a atenderlo a él, en vez de que el la atendiera a ella por estar enferma. El la trataba como si no fuera su esposa. No tenía compasión por ella ni por nadie. Después que quedaron solos, ya todos habíamos salido de esa casa, siguió el abuso de mi papá contra ella como siempre.

Unos años atrás mi mamá se enfermó tanto, que tuvieron que llevarla al hospital. Ahí duró unos días. Fue un problema con mi papá para pagar el hospital. Hasta nos dijo a mis hermanos y yo, que fuéramos en huaraches para el hospital para que el doctor mirará que nosotros éramos pobres. El creía que así el doctor no le iba a cobrar tanto.

Otra vez mi mamá se enfermó de los ojos. Tenían que operarle uno y después el otro. Cuando le operaron el primero, mi papá dijo que con un ojo tenía. Batallaron tanto para poder operar el otro. Mi papá ya no quería gastar dinero. Me platico mi hermana, la que vive allá, que esa fue la primera vez que ella se dio cuenta que mi papá sacó dinero del banco, para pagar esa operación.

Cuando mi mamá y mi papá estaban contentos, era cuando más mal nos iba a nosotros. Mi mamá, en vez de protegernos, le chismeaba a mi papá cualquier cosa. Hasta por qué no lavamos los trastes. Ocurrían los maltratos, muchas veces, por culpa de mi mamá.

A mi mamá le gustaba mucho visitar a los vecinos, a mi tía y a sus comadres. Pero solo iba cuando mi papá no estaba en la casa. A nosotros nos dejaba con el quehacer de la casa, y si nos faltaba algo de hacer, nos regañaba o le decía a mi papá lo que no hicimos. Pero lo que no le decía era que ella ya había venido de visitar.

Mi mamá tenía la costumbre de tomarse una soda a diario. Nos mandaba a comprarla, pero si mi papá estaba en la casa teníamos que esconderla o mi mamá se la tenía que tomar a escondidas de mi papá.

Mi mamá era muy buena para cocer ropa. Hacía las camisas a mis hermanos y a mi papá, las faldas y las blusas para ella, y a nosotras nos hacía los vestidos. No nos compraban ropa de la tienda, nomás compraban las telas. Era muy a lo lejos que nos hacía un vestido. La ropa teníamos que ponérnosla muy repetidas veces. No había más, lavarla y volvérnola a poner.

Las mochilas de la escuela les decíamos los chimecos. Mi mamá los hacía con tela de manta, de los costales en dónde venía el azúcar y la harina. Me acuerdo que yo tenía las ganas por aprender a coser y me arrimaba ahí donde mi mamá estaba cociendo para fijarme y ver cómo lo hacía, pero nunca me dio la oportunidad para enseñarme. Me decía vete a barrer o me mandaba a hacer cualquier otra cosa, pero nunca me enseñó.

Una vez le dije a mi mamá que me dejara ir a pedir trabajo a la tienda del barrio.

Ella me contestó, "Para qué, si no sirves para nada."

En otra vez, una amiga me invitó a trabajar a la ciudad, donde ella trabajaba. Le pedí permiso a mi mamá y también lo mismo me contestó. La hacía a uno sentirse mal, con la autoestima por los suelos.

Recuerdo que le contesté, "Ahí me enseñarán lo que tengo que hacer."

En los ojos de mis padres nomás servíamos para trabajar para ellos. Aunque ayudábamos con todo, aun siempre nos llamaban huevones.

Mi mama se vino a los Estados Unidos a vivir un tiempo con Lucrecia. Yo y Lucrecia vivimos en el mismo pueblo. Un día, cuando estaba en mi casa le hice unas preguntas que ni tuvieron respuesta. Eso fue porque ella comenzó a preocuparse por Cástulo. Le pregunte por qué se preocupa tanto por él si ya está grande y ya sabe lo que hace. También le pregunte, por qué fueron tan malos con los hijos.

Me contestó con voz alta, "¡Cuando mentirosa!"

"Déjeme recordarle, una de tantas. ¿Por qué amarraban a Jaime, lo encerraban, lo golpeaban y le quitaban la ropa? ¿Y porque usted no más quiere a Cástulo, si tiene ocho hijos más?"

Mi voz se quebrantaba y casi estuve a punto de llorar. Ella nomás se levantó y se fue caminando. Caminé detrás de ella. Ella quería irse caminando hasta la casa de Lucrecia. Por fin la convencí y nos devolvimos. Dijo que ya se quería ir y la llevé en el carro. Se me ocurrió dar la vuelta a la laguna, como otras veces, antes de llevarla con mi hermana.

Ella fue y le dijo a mi hermana que yo la hice sentirse mal y sabrá Dios qué más le diría. Me platicaron que cuando se fue al pueblo de donde nosotros somos, fue y dijo que yo la iba a echar en la laguna. Si ni siquiera nos bajamos del carro y eso es algo que yo no haría.

Mi mamá no cambia. Sigue siendo la misma. Nomás tiene la oportunidad y nos sigue haciendo daño. Ni porque está en su última etapa de su vida, cambia. Así era con mi papá. Le chismeaba cosas que a veces ni eran ciertas. Yo simplemente le hice unas preguntas.

Hoy, ver a mi mamá nos causa lástima, porque no supo valorar a sus hijos. Ella fue mujer, pero no fue madre. Ahora ya está viejita. Esos recuerdos son algo que no puedo evitar. Hoy en día, no sé lo que mi madre piensa de todo lo que paso. No creo que se le ha olvidado, porque su mente está muy bien.

Capítulo 9

Tacaño

Desde poco después que se casó, Beatriz y su familia han vivido en una ciudad que queda a una hora de camino. Aunque Beatriz, mientras que vivió con nosotros, sufrió una niñez similar como el resto de nosotros, ella iba muy seguido a darles la vuelta a ver cómo estaban mi mamá y mi papá. Hasta les llevaba comida y no faltaba que llevarles. Nunca le agradecieron. Al contrario, todo el tiempo nomás andaban cuidándola como si les fuera a robar algo. Todo el tiempo tenían esa desconfianza con todos nosotros. Ahí lo que hay son puras cosas viejas, que no tienen valor.

En esa casa, cada rincón, y cada cosa me trae puros recuerdos tristes. Hasta ahorita son las mismas cosas. Las mismas mesas, trasteros, y camas. Lo mismo todo, desde que nosotros éramos chiquitos hasta hoy. La casa está muy deteriorada debido a que mi papá nunca le hizo un arreglo. Ni cuando pintábamos los cuartos de la casa, usábamos pintura comprada. Utilizamos cal mezclado con agua, porque era la manera más barata de hacerlo. Lo único que tiene ahora, que no tenía antes, es una banqueta, un baño, un fregadero de trastes de una bandeja, agua que sale de la llave y techo de lámina.

A veces le decíamos a mi mamá, "Dígale a mi papá que nos dé un peso."

Nosotros teníamos miedo para preguntarle. Era rara la vez que nos daba. Mi papá vivió para trabajar y no trabajó para vivir. Mi papá y mi mamá vivieron la vida como si hubieran estado muy pobres, junto con todos nosotros. No tenía por qué haber sido así porque mi papá siempre tenía dinero.

Me acuerdo cuando escondía rollitos de dinero, enterrados debajo de la tierra. Los ponía en un botecito con tapadera. Eso lo hizo varias veces. Una de las veces yo me los halle. Estaba yo sentada junto a un tronco de un árbol, cerca del cuarto en donde mi papá nos tenía cuando nos llevaba a trabajar. Noté que la tierra estaba pareja, pero había un pedazo que la tierra estaba suelta. Comencé a escarbar y hallé un bote. Lo abrí y adentro estaba un rollo de billetes, envueltos en una bolsita de plástico. No me quedó más remedio que volverlos a enterrar, porque mi papá me miró que ahí estaba.

En otra ocasión Jaime se halló un rollo de billetes. El si los agarro. Esa vez estaban en el cuarto del potrero. Cuando mi papá se dio cuenta, mandó a traer la policía de la ciudad. La policía traía a Jaime esposado cuando lo vio una maestra, que sabía cómo éramos tratados. Le dijo a la policía como mi padre nos maltrataba. Entonces, la policía soltó a Jaime y se quedó con el dinero.

Casi a diario nos ponían a lavar el nixtamal. El nixtamal es el maíz cocido y lavado. Lo molíamos para hacer la masa, para hacer tortillas. Estaba muy pesado para darle vueltas al molino a pura fuerza. Había un molino en el pueblo donde la gente llevaba el nixtamal para hacerlo masa. Mi papá era tan tacaño que no quería pagar unos cuantos centavos. Era lo que cobraban. Mejor nos ponían a nosotros que lo hiciéramos.

Desde que salía el sol ya andábamos alistándonos para el trabajo y comíamos cuando mi papá decía.

Me acuerdo que muchas veces les decía a mis hermanos, "Yo nunca necesite de Los Estados Unidos,".

Claro que no, si nos tenía a nosotros que le trabajamos como esclavos.

Cuando mis hermanos crecieron y decidieron trabajar fuera del hogar, mi padre los corrió de la casa uno por uno. Mi padre no tenía necesidad de ellos si no iban a trabajar por él. Los años pasaron y mi padre tuvo que vender las labores de los árboles frutales. Mi padre no podía hacerlo solo, y ya no nos tenía en la casa de esclavos. Finalmente, como no nos tenía a nosotros para hacer su trabajo, mi padre tuvo que comprar un tractor para seguir trabajando las tierras.

Me platica Beatriz, que a veces iba en la noche a ver cómo estaban mi mamá y mi papá. A veces los hallaba afuera sentados junto al táscate que está frente a la casa. Tenían la luz de la casa apagada. Para no usar y pagar más en electricidad, se esperaban afuera hasta que les diera sueño para no prender la luz.

En la casa había un televisor viejo que alguien trajo allí hace varios años, pero mis padres nunca lo prendían, porque gastaba electricidad. Ellos nunca estaban informados de nada. Ni lo regalado querían, menos si era eléctrico. Recuerdo que una vez, Juan llevo un refrigerador como regalo. Mi papá se enojó tanto que hasta balazos les tiró a Juan y a mi mamá. Nomás sirvió para asustarlos porque no les pego ningún tiro.

Es entonces cuando Juan trajo a mi madre aquí a Los Estados Unidos, a vivir conmigo. Tenía menos de un mes viviendo con nosotros, cuando una noche, un ladrón trato de entrar a mi casa, mientras que ella estaba allí. Poco después de eso, ella decidió volver con mi padre.

Fui una vez con mi esposo, y mi familia al pueblo en donde vivía. Fuimos a bautizar la niña de Jaime. Mi esposo compró un marrano y lo hicimos carnitas y chicharrones.

Mi papá cada vez se arrimaba a la olla y decía, "¿Ya mero se los acaban?"

Fue un problema con mi papá.

Tuvimos que mandarles chicharrones a los vecinos, a escondidas de él. Y eso que a mi papá no le costó. Mi esposo fue a la tienda a comprar cerveza, para ofrecerles a los hombres que estaban ahí.

Mi papá no lo dejó. Le dijo, "¿Para que les vas a dar, si está muy cara?"

Después mis hermanos y mi esposo fueron a comprarla, y a mí se me ocurrió prender un radio que estaba ahí. Fue mi papá y lo apagó. Dijo que esos mugreros nomás sirven para gastar luz. No me dejo que oyera música.

Cuando estábamos chiquitos, a veces andábamos descalzos. No nos importaba tanto hasta que ya estábamos grandes. Batallábamos mucho para que mi papá nos comprara un par de zapatos. Muy a lo lejos nos compraba, pero siempre los más baratos y al gusto de él. Si nos gustaran o no, teníamos que ponérnolos. Nos medía los pies con unos palos, y se iba con esos palos a la ciudad de puro rait, para no pagar camión.

Recuerdo un día que se festejaba el día del pueblo, Jaime se la pasó sentado en una banca, porque le apretaban los zapatos. Las medidas de mi papá no eran tan exactas como él pensaba.

Una vez Leticia no tenía zapatos para ir a la escuela. Mi mamá le compró unos huaraches de los más corrientes, a escondidas de mi papá. Leticia iba con esos huaraches a la escuela, pero cuando llegaba a la casa se los tenía que quitar y esconderlos. Entraba descalza, para que mi papá no la viera con los huaraches.

La casa de Lucrecia quedaba como seis millas de distancia. Una vez, tenía que ir al pueblo en donde vivía, en el camión pasajero. Antes de irme, estaba en la casa de Refugia. En un lado de la casa está una loma. Camina uno un poco más y llegaba uno a la carretera. Estaba yo en la orilla de la loma cuando mire, a lo lejos, que venía el camión. Baje la loma corriendo, y que se me desprende el tacón de un zapato. Ni modo, tuve que irme así. Con un zapato con tacón y el otro no. Llegué a la casa de mi hermana con el tacón en la bolsa. Le platique lo que me pasó con el zapato. Ahí en donde vivía mi hermana, de buena suerte, había un zapatero que vivía muy cerca. Fuimos con el zapatero para que le pusiera el tacón al zapato. Problema arreglado.

Me platico Beatriz, que cuando andaba noviando no tenía zapatos. Iba y le pedía a Lucrecia los zapatos prestados. En ese tiempo ya Lucrecia estaba casada.

Mi papá se mantenía, casi siempre, en huaraches. Nomás cuando iba a misa o a otro lugar se ponía zapatos. Estuviera frío o calor, pero nunca los compraba. El los hacía con hule de llanta y correas.

Una vez, cuando Beatriz todavía vivía con mi abuelita, fue a visitarnos a nosotros.

Mi papá la miro y le dijo, "A ver venga para acá, levante la patita."

Le quitó los zapatos y le dijo, "Aquí todos descalzos."

Así cra mi papá. No tenía ni un poquito de consideración por nosotros. No le importaba si nos clavamos una espina o si nos cortábamos un pie por no traer zapatos. Así era él.

Cuando yo era niña, yo miraba a las muchachas en zapatos de tacón, y se me hacía muy suave cuando caminaban, que sonaban los tacones en el piso. Recuerdo que yo tenía unos huaraches de plástico y en la suela tenían unos cuadritos. Me acuerdo que ahí en uno de esos cuadritos de cada huarache, yo

les atoraba una piedrita. Caminaba en el piso de la sala para
que sonara cada paso que yo daba.

Una noche la pasamos ayudando a mis hermanos a desgranar maíz. Ellos ya eran jóvenes, y querían comprarse ropa. Esa
noche mis papás no estaban en la casa. Me acuerdo que ahí
había una zaranda que estaba amarrada de los cuatro lados y
cada lado estaba amarrado a las vigas del techo del cuarto. Una
zaranda le decimos a un cuadro de madera, que sujetaba un
tejido con alambre, con agujeritos. Esa zaranda, la llenábamos
con mazorcas de maíz, y mis hermanos y yo les pegábamos
con unos palos poco pesados. Caía abajo el maíz, ya desgrana-
do listo, para ponerlo en costales. Mandaron traer la troca de la
tienda, ahí compraban el maíz. Cargaron la troca con costales
de maíz y lo vendieron.

Mis hermanos tenían que hacerlo así porque le pedían a mi
papá y no les daba. Cuando llegaron mis papás, mi papá en lo
primero que se fijó, fue en las huellas de las llantas de la troca.
Después se fijó en la galera que le faltaba maíz. Fue mi papá y
preguntó en la tienda quién había vendido maíz y ahí le dijeron
que uno de sus muchachos. Fue muy enojado a la casa. Lo raro
que no le pegó a nadie.

Mi mamá me mandaba, a veces, a la tienda a comprar lo
que íbamos a comer ese día, pero casi nunca nos daban dinero.
Teníamos que desgranar maíz y llevarlo a la tienda a vender.
Eso era temprano, antes de irnos a la escuela. A veces llevaba
poquito más maíz para que me quedara cambio. Recuerdo que

yo agarraba un peso y lo escondía debajo de una piedra. Cuando llegaba el tiempo para irnos a la escuela levantaba la piedra y agarraba el peso. En la hora de recreo compraba dulces.

A veces, en vez de esconder el peso me compraba algo de comer, como por ejemplo un plátano o un pan dulce. Lo tenía que comer en el camino, antes de llegar a la casa para que no me vieran. Tenía que hacerlo así porque les pedíamos y no nos daban.

Mi padre era tan tacaño con su dinero que ni para él gastaba. Ya viejito, se levantaba en las mañanas todo adolorido por dormir en una cama vieja. Esas camas son desde que nosotros estábamos chiquitos.

Le decía Beatriz, "Papá pues cómprese una cama para que duerma a gusto."

Dice que le contestó, "No. ¿Para qué? Sí ya mero me muero. Ahí se va a quedar, a la mejor alguien la va a agarrar."

Cuando mi hermana Beatriz era recién casada, hubo un tiempo que vivió muy necesitada. Una vez no tenía ni para cocer una olla de frijoles. Leticia tuvo que agarrar un botecito de frijol a escondidas de mi papá para llevarle a Beatriz. Mi papá, con un cuarto lleno de costales de frijol, no le ofrecía ni un poquito, menos un costal.

Capítulo 10

Abuelitos

Tengo entendido que cuando mi padre era niño, también fue maltratado por un padrastro. Mi mamá sí tuvo buenos padres. Mi abuelita, la mamá de ella, sufría mucho por nosotros y no podía hacer nada. Le tenían miedo a mi papá.

Yo recuerdo que mi abuelita nos decía, "Ay sí con tu papá se puede hacer una historia."

A lo mejor por algo nos decía.

Mis abuelitos, los papás de mi mamá, fueron de los primeros en el pueblo que tenían carro. Mis abuelitos tenían una casa muy suave y grande. Nosotros ahora nos ponemos a pensar en mi mamá, viviendo una vida cómoda con sus papás, como es que se fue a juntar otra vez con mi padre. Se separó de mi papá por siete años por los maltratos que le daba y todavía volvió otra vez con él a vivir pobrezas y maltratos. Mi tío Raúl, hermano de mi mamá, dijo que mi mamá, desde que vivía con mi abuelita, siempre fue muy caprichosa.

Mi abuelita, la madre de mi madre, vivía cerquita de la escuela. Dice mi hermana, Leticia, que cuando estaban en la escuela, y era tiempo de frío ella se iba en la hora del recreo a casa de mi abuelita. Dice que mi abuelita le ponía un saquito de franela, de los que eran de Beatriz. Tan siquiera se tapaba un poco el frío.

Yo nunca recuerdo haber visto a mi abuelita en la casa de mis papás con nosotros. Mi padre no permitía que fuera a la casa a vernos. Los hermanos más chicos, Jaime, Alfredo, y yo, Rosa no disfrutamos mucho de la presencia de mi abuelita. Las veces que fuimos a la casa de ella, teníamos que ir a escondidas de mi papá. Avía veces que cuando mis hermanos iban a su casa a escondidas, mi papá se daba cuenta e iba por ellos con una soga y los golpeaba. Hasta mi madre tenía que ir a las escondidas, a la casa de mi abuelita. Ella iba de prisa, antes de que mi padre llegara a la casa.

Mi abuelita murió un par de meses después de que Leticia se casó. Era cuando yo tenía casi 14 años de edad. Cuando se murió, entonces sí, mi papá, permitió que la veláramos en la casa de él. Eso fue por pura conveniencia porque sabía que iba a dejar algo de herencia a mi mamá.

En su testamento, mi abuelita le dejó a mi madre una tierra, una vaca con un becerro y algunas otras cosas materiales. Un día el becerro de mi mamá se perdió, y mi mamá mandó a mis hermanos que lo fueran a buscar.

Duraron días buscándolo, cuando un día se encontraron con un señor que les dijo, "Ni lo busquen. Su papá lo vendió."

Mi papá siempre tenía la costumbre de andar haciendo cosas a escondidas de mi mamá y de todos nosotros.

Nunca tuvimos acercamiento con mi abuelita, la mamá de mi papá, ni ella con nosotros. Menos cuando ella se cambió a vivir a la ciudad. A ella no le gustaba que le dijéramos abuelita. Le decíamos mamá Lela. Ella se casó tres veces.

Mis hermanos más chicos y yo no conocimos a los abuelitos, Justino y Valentino. Todavía no nacíamos cuando ellos murieron. Mis hermanos mayores platican de mi abuelito, el papá de mi mamá, él sí era muy buena persona.

Mi hermana Leticia me conto de cuando se murió mi abuelito, el papá de mi mamá. Lo tenían en la iglesia y cuando la misa se acabó lo llevaron rumbo al camposanto. Llevaban la caja, con mi abuelito, atrás de la caja de una troca. Dice Leticia que ella, y mi hermana Beatriz, iban andando enseguida de la troca. Atrás de ellas iba la demás gente caminando, hasta llegar al panteón. Dice que alguien, no se acuerda quién, las subió arriba de la troca para que fueran junto al cajón de mi abuelito.

Ellas tuvieron bonitos recuerdos de él. Me platican que ya después de verlo sepultado mi abuelita puso un vaso con agua en la ventana. Les dijo a mis hermanas que era para que mi abuelito fuera a tomar agua.

Leticia tiene recuerdos de cuando mi abuelito iba a regar la labor. Ahí se quedaba toda la noche. A veces llevaba a Beatriz y a ella, con él montados en un caballo blanco. Ahí se quedaban toda la noche. Como en las tierras de mi papá, en esa labor había un cuarto de adobe. Dice Leticia, que mi abuelito les distendía una camita de lona, y ahí dormían ellas muy contentas. Cuando amanecía el día, mi abuelito, lo primero que hacía era darnos chocomilk calientito. Muy bonitos recuerdos tienen ellas de él. Me hubiera gustado haberlo conocido.

Capítulo 11

El Callejón

Hay un callejón, que está por donde pasábamos el río. En las orillas son puros árboles que ahora están viejos. Era muy normal y muy común que caminábamos por ahí. Mucha gente lo hacía. Nosotros éramos niños y había veces que pasábamos ese callejón, solos en la noche, con una oscuridad total. Cuando mirábamos la gente a lo retirado, no sabía uno ni quién era hasta que ya pasaban junto a uno. Entonces ya sabía uno quién era y se le quitaba a uno el miedo. Cuando alcanzábamos a alguien que conocíamos nos acompañábamos para no caminarlo solo.

El día que enterraron a mi abuelito, Leticia se quedó en la noche con mi abuelita. No se acuerda como es que paso eso, porque mi padre no lo permitía. Al siguiente día, sentía que no podía aguantar que mi abuelito ya no estaba en la casa, y como a las diez de la noche, se salió de la casa sin que nadie la viera. En ese entonces ella tenía nueve años. Empezó a correr rumbo a la casa de mis papás. Cuando iba por el callejón en la oscuridad, miro un perro blanco. Le dio miedo y paro de correr. Siguió caminando hasta que salió del callejón. Corrió otra vez,

192

hasta llegar a la casa de mis papás. Cuando mi abuelita se dio cuenta que no estaba en la casa, mandó a su hijo adoptivo, que la fuera a buscar a la casa de mis papás. Ahí estaba.

Había un camión pasajero que llevaba gente a la ciudad y de la ciudad a los pueblitos. Cuando era la última corrida del camión, pasaba por el pueblo donde nosotros vivíamos a las nueve de la noche. Tenía que pasar el callejón, y enseguida el rio. Una vez, que paso el callejón, iba pasando el rio cuando se atascó. Tengo entendido que el chofer se bajó del camión y le dijo a la gente que se bajaran. Llovió mucho y estaban en peligro de que venga el río crecido. El chofer fue y consiguió un tractor para jalar el camión, pero cuando llegó con el tractor el camión estaba volteado, con las llantas para arriba. El camión traía mucha gente y nadien le hizo caso al chofer cuando les dijo que se salieran.

A Jaime le tocó ver, y ayudar a la gente. Dice Jaime que les aventaban sogas para que se agarraran y los jalaban para afuera. Mucha gente se salvó y otros murieron ahogados. Llegó Jaime ya muy noche a la casa y nos platicó lo que pasó. Amaneció el día, y nos levantamos temprano a ver el camión, que estaba volteado con las llantas para arriba. Había mucha gente voluntaria caminando por todo el río buscando la gente muerta. Belices, ropa, zapatos, todo regado. A la gente muerta la encontraron muy retirada, pero si los hallaron a todos.

Mi hermana, Leticia, me platica de una vez que venía caminando de la escuela, ella y una amiguita. Como siempre traían los libros de la escuela y Leticia la olla vacía de la leche. Como ya les platiqué, cuando íbamos caminando para ir a la escuela todo el tiempo le llevábamos la leche al doctor. Cuando iban rumbo a la casa, a lo retirado miraron una troca que entró al callejón y paró. Cuando ellas iban pasando junto a la troca se bajaron dos húngaros, aquí les dicen gypsies. Esa gente iba allá cuando llevaban el circo al pueblo. Me platica Leticia, que cuando iban pasando junto a la troca, uno corrió atrás de ella y el otro corrió atrás de la amiguita. Fue tanto el susto que en la corrida se desapartaron.

Dice mi hermana, "Allí no había gente que nos pudiera ayudar, y yo con la olla y tapadera en una mano, y los libros en la otra. Corrimos tan recio. Lo que quería era correr a dónde hubiera gente que nos ayudará. Yo corrí para el barrio, y lo primero que estaba era la tienda y unas casas. Mi amiguita corrió para otro rumbo, también a dónde hay casas y gente. Nos tocó mucha suerte que no nos alcanzaron, porque si nos hubieran alcanzado nos hubieran robado o algo nos hubiera pasado. Gracias a Dios que fue nomás el susto."

Capítulo 12

Alimentos

Mi papá era tacaño, hasta para darnos de comer. En veces comíamos caldo de gallina, pero había veces que durábamos meses sin comer otra carne. Habiendo tantas vacas, marranos, becerros, y borregos, muy a lo lejos mataba una borrega. Ahí sí, tan siquiera nos comíamos unos pedazos de carne frita, o asada. Solo una vez, que yo recuerdo, mató un marrano para comer la carne.

Había veces que cuando andábamos ayudando a mi papá a levantar las cosechas, mi papá sembraba una que otra sandía. Esas si eran para comerlas, no para venderlas. Cuando éramos niños y andábamos allá en la tierra había veces que nos hallábamos una sandía. La quebrábamos en una piedra y nos poníamos a comer. Parte de la cara y las manos nos mojábamos comiendo la sandía, y con el frio se nos hacían los labios agrietados. Me acuerdo que era en el mes de Noviembre y Diciembre, porque era cuando levantábamos las cosechas.

En la casa, casi no había algo dulce para comer. En veces agarrábamos la azucarera y nos llenábamos la boca de azúcar.

Hasta dura se hacía la horilla de la azucarera, y la teníamos que lavar muy seguido. Mi papá compraba un costal de azúcar, más o menos, cada tres meses. De niño, había veces que a Francisco se le antojaba algo dulce y chupaba un pedacito del costal. Cómo el costal era de tela, se quedaba duró el pedazo donde lo chupaba.

En un cuarto había rejas con fruta que podíamos comer. Era la fruta que estaba picada por los pájaros, porque la buena la vendía. Comíamos esa fruta porque se podría. Si no, la hubiera encerrado con candado para que no agarráramos.

Cuando era niña, y pasábamos por el basurero de la tienda del barrio, mis hermanos, otros amiguitos, y yo nos poníamos a buscar dulces empapelados. Había veces que sí hallaban, y en veces también hallábamos monedas. Con lo que me hallaba compraba dulces. Como era niña, no sabía del peligro de los microbios que estábamos expuestos y nadie nos decía nada.

Cuando iba visita a la casa, mi mamá nos mandaba a la tienda a ir a comprar galletas dulces, para servir con café. A mis hermanos y a mí, nos gustaba cuando llegaba visita porque sabíamos que íbamos a tener chanza de comer galletas. Cuando, por fin, se iba la visita, mi mamá salía y los encaminaba. Cuando mi mamá volvía, ya estaba el plato de galletas vacío.

Decía mi mamá, "Ya se las acabaron."

Claro, si teníamos deseos de comer algo dulce.

Cuando era niña, una vez que mi mama me mando a la tienda estaba una canasta con unas bolas verdes, que yo nunca había visto. Le pregunte a la muchacha que estaba atendiendo la tienda, que eran. Me dijo que eran aguacates. Compre uno y lo saque para comérmelo antes de llegar a la casa, pero estaba muy duro y muy verde. No me lo pude comer y lo tiré.

Cuando llegué a la casa le dije a mi mama, "Fíjese que en la tienda están vendiendo unas bolas verdes. Dicen que son aguacates."

Mi mama me dijo, "Cuando vuelvas a ir a la tienda, te compras uno para ver a que saben."

Pasaron como dos días y la canasta de aguacates ya estaba casi vacía. Agarre dos. Ya habían cambiado de color y estaban blandos. Entonces si supe a que saben los aguacates.

En las labores de mi papá había nomás un árbol grande de nuez. Las piscábamos verdes porque la gente se las robaba. Las llevábamos a la casa y las poníamos destendidas en una lona arriba de la azotea para que se secaran. Me acuerdo que cuando ya estaban secas y mi papá no estaba en la casa, subíamos la escalera y nos poníamos a comer nueces. Las poníamos en una piedra que estaba poco distendida y con otra piedra las quebrábamos. Teníamos que cuidarnos de mi papá que no nos viera. Para subir la escalera estaba bien, pero para bajar nos daba miedo. De arriba se miraba más alto. Dejábamos el cascarero allá arriba. Cuando mi papá subía y miraba el cascarero, se enojaba mucho.

Decía, ¡"Sí ya mero se las acaban!"

Me platicó Beatriz, cuando mi padre le pego porque quebró una taza, cuando estaba lavando los trastes. Esa vez Cástulo la defendió. Leticia también una vez estaba lavando los trastes y también se le quebró un traste de vidrio para exprimir naranjas. Mi mamá a veces hacía jugo de naranja, pero ese era nomás para mi papá. Mi papá se enojó tanto, pero esa vez, de milagro, no la golpeo.

También me platicó Leticia, que una de las veces que andaba trabajando, tenía tanta hambre, que ella llegó a comer hierbitas. Con mi papá comíamos, solo cuando él decía. Había veces que comíamos a las tres de la tarde y había veces que íbamos mal almorzados. Comíamos, y otra vez a darle hasta las cinco o seis de la tarde. Nosotros llevábamos agua para tomar, pero se ponía caliente con el sol. Ni modo, teníamos que tomarla así.

Mi padre dejaba que las vacas anduvieran sueltas a diario, para que comieran pasto. Acabando de trabajar teníamos que ir por ellas, y ponerlas en el corral. Mi papá las ordeñaba muy temprano antes de irnos a trabajar. Así era temporada tras temporada. Mi papá tenía mucho en que trabajar, solo que aparte la vida de maltratos que nos dio, trabajamos todo el año, año con año.

Capítulo 13

Historias de animales

Hasta los animales, que eran los que iban arando las tierras, se miraban muy cansados y sedientos. En las mañanas les daban agua y pastura y, trabajando con tanto calor, no volvían a tomar agua hasta las tres de la tarde. Pobres animales tomaban el agua y comían la pastura con muchas ganas, todos cansados.

Me acuerdo cuando una vaca que no era de mi padre desbarataba la cerca y se metía y comía las plantas de maíz. Una vez mi papá la agarró, la lazó y la amarró a un árbol. Le dijo a mi mamá que picara chile jalapeño. Alfredo y yo miramos cuando mi papá agarró el chile, que ya estaba bien cortadito, y se lo embarro, a la vaca, en los ojos y el ano. Luego la soltó para que se fuera. La pobre animal no podía ver y hacía feo. Bramaba con dolor.

Otra vez nos tocó ver a mi papá golpeando una de sus vacas que le decían "La Coneja." Mi papá les ponía nombres a las vacas para distinguirlas cuál era cuál. Le pegó tanto a esa pobre animal con una cadena, porque la vaca no quería comerse el friego. El friego le decíamos a los desperdicios que uno deja cuando come. A veces se le daban eso a las gallinas o a los marranos, pero es algo inaudito, quererle dar eso a una vaca, que solo come pasto y hierbas.

También mataba gatos y perros que no eran de él. A los gatos los ahorcaba porque, a veces, se comían las gallinas. Los ahorcaba con un alambre o les apretaba el cuello con un mecate. Mataba los perros con la pistola, porque se comían las borregas.

Me platica mi hermana Beatriz de una vez que mi papá amarró a un macho, que le decía el macho Pardo, junto con un burro en un poste de luz que está frente a la casa. Los animales se enredaron con los mecates y el burro se estaba ahorcando. En eso llegó Beatriz y el esposo y miraron lo que estaba pasando.

Corrió Beatriz a decirle a mi papá, "Papá el burro se está ahorcando."

Salió mi papá gritando, "¡Traigan un cuchillo, un machete, o una navaja!"

Mi hermana dice que no quería mochar el mecate. Al fin trozaron el mecate y el pobre animal, cayó al suelo.

Dice que le decía mi papá, "Vuelve, vuelve."

Al rato se oyó un resollidote del burro y se levantó. Mi papá le puso el fuste y se fue montado en él.

Le decía mi hermana, "¿Papá ya se va a subir en él? Déjelo que se recupere."

Dijo mi papá, "Si ya está bien."

Después que ocurrió eso, pasó el tiempo y un día el macho se perdió. Duraron buscándolo por días y no lo hallaron.

Un día fue Manuelito y le dijo, "Abuelito, yo sé en dónde está el macho."

Le dijo mi papá, "¿En dónde?"

Manuelito, mi hermana Beatriz, y su esposo llevaron a mi papá a dónde estaba el macho. Estaba muerto. Se metió en una zanja muy angosta y no pudo salir.

Mi papá le decía, "Te reconozco por tus facciones."

Después de tan trabajado que estaba el pobre macho tuvo esa muerte tan triste.

En otra ocasión, mi cuñada, Sulia, les pidió a mis papás que le prestara una vaca para ordeñarla. Esa vaca tenía un becerrito. En ese tiempo su esposo, Francisco, estaba en los Estados Unidos. Ella quería la leche para los niños, que en aquel tiempo estaban chiquitos. Mi cuñada sabía que el becerrito tenía que tomar leche. Claro que le daban, pero mi mamá iba todos los días a ver qué tanta leche le había dejado al becerrito. A mi mamá le importaba más que el becerrito tuviera leche que sus propios nietos. Al fin mi cuñada se cansó de que mi mama fuera todos los días y prefirió regresar la vaca.

Le dijo, "Ahí está su vaca. Muchas gracias."

También había veces que pasaban cosas chistosas con los animales. Una vez, mi mamá me mandó a moler el nixtamal al molino que había en el pueblo a escondidas de mi papá. Fui con una amiga, que es la hermana de mi cuñada Sulia. Cuando ya nos habían molido el nixtamal fuimos y nos quedamos a dormir en casa de la cuñada. Ella vivía muy cerca al molino. En aquellos tiempos, casi nadie tenía refrigerador. Me acuerdo que pusimos los botes con la masa por afuera de la ventana para que le pegara el fresco de la noche. Cuando ya estábamos dormidas nos despertaron unos ruidos. Nos levantamos y fuimos a ver qué estaba pasando. Ahí andaba un burro comiéndose la masa. Ni modo, teníamos que hacer tortillas de harina.

Había, en la casa, un cócono que era muy bravo. Cuando pasaba gente y el cócono los miraba, se les echaba encima. Teníamos que salir y espantarlo para que no les fuera a hacer daño. Al último terminó el cócono en la olla. Por bravo, mi mamá lo hizo caldo.

Las vecinas también tenían gallinas. Cuando había un gavilán volando bajo, oíamos las vecinas que gritaban upa, upa, upa. Cuando oíamos eso salíamos para afuera, a ver en dónde se miraba el gavilán. El gavilán mataba las gallinas y se las llevaba para comérselas. Cuando gritábamos o que oíamos gritar upa, upa, upa, era para espantar el gavilán que se fuera.

En la tienda del barrio compraban marranos, pero antes de comprarlos, los pesaban y les revisaban el hocico. Cada vez que hacían eso, los marranos chillaban muy recio. Mi hermano Alfredo, cómo les tenía miedo. Había veces que casi estábamos por llegar a la tienda y oía un marrano chillar. Se devolvía a la casa, llore y llore.

Cada año, las borregas tenían crías. Me acuerdo de una borrega que se murió cuando tuvo una borreguita. La borreguita, nosotros la criamos dándole leche en una tetera. Se engrió mucho con nosotros. Nos seguía para dondequiera y teníamos que devolvernos y meterla al corral. La borreguita se metía adentro de la casa, como si fuera un perro.

Una vez que había llovido, la leña se mojó y la pusimos a secar en el cocedor de la estufa. Agarre leña que ya estaba seca, y la acomode en dónde iba porque iba hacer tortillas. Cuando yo saqué la leña no miré que el gatito se metió adentro del cocedor de la estufa. Le prendí fuego, y cerré la puerta. Al rato oí unos gruñidos del gatito, como pidiendo auxilio. Abrí el cocedor y salió el gatito. Corrió muy recio para afuera. Fui afuera y no lo vi. No supe para dónde se fue. Al rato entro el gatito para adentro de la casa, con sus bigotes quemados y las plantas de sus patitas un poco. Pobrecito gatito, le pasó eso por andarse metiendo en donde no debía.

Capítulo 14

No Les Importaba

Había una vez que me enfermé en la escuela. Le dije a la maestra que no me sentía bien y la maestra me dijo que me fuera a la casa. Me acuerdo que era en tiempo de calor. Me fui caminando por el río, porque había dos maneras para ir y venir. Igual para ir a la iglesia o a las tiendas. A lo largo, caminábamos el río, y por el otro lado atravesábamos el río y pasábamos el callejón. Ese día decidí irme por todo el río. Me acuerdo que me sentía tan mal, que cada rato paraba y me sentaba por la orilla del río. Después me paré, seguí caminando otro poco, y me volví a sentar. Después seguí caminando hasta llegar a un árbol que está en medio de la parte ancha del río. Ahí me acosté un rato. Después me levanté, y seguí caminando. Otra vez me senté otro rato, me levanté, y así le hice hasta llegar a la casa. Mi mamá y mi papá andaban en la ciudad. Mi hermana, Leticia, era la que estaba en la casa. Le dije que me sentía muy mal. Traía una fiebre muy alta, mucho frío, sentía el cuerpo desforzado, y sentía mi estómago débil. Me acosté en la cama, mi hermana me tapó y aun así seguía con mucho frío.

Leticia trató de curarme. Me puso un remedio casero, de rebanadas de papas con alcohol en la frente. Al rato trató de darme comida, pero no podía comer. En la noche había bajado un poco la fiebre y fue cuando llegó mi mamá y mi papá de la ciudad. Tengo tan presente ese día, porque alguien llevó unas palomas, y desde entonces siempre había palomas afuera de la casa. Al siguiente día amanecí mal. Me dieron unas pastillas para bajarme la fiebre. Así estuve por siete días. Después me fui recuperando poco a poco. Fuera para que me hubieran llevado al doctor, pero teníamos que aguantar. Gracias a Dios que nunca me pegó una enfermedad de esas que son muy peligrosas.

Una vez era la fiesta de quince años de una amiga, y yo iba de dama. Qué milagro que no batallé para que mis papás me dejaran ir. Me acuerdo que me estaba peinando una cuñada, cuando me desmayé. En otra vez Leticia, también se desmayó en la iglesia. Pues cómo no, si había veces que no comíamos bien.

Una vez se enfermaron Leticia, Francisco y Juan al mismo tiempo. Andaban mal de la garganta, tenían fiebre y no podían tragar. Estuvieron acostados por dos semanas. Ellos necesitaban de doctor, pero mis padres nunca los llevaron. Dice Leticia que nomás les ponían nopales calientes en el cuello. Según mis papás, ese remedio casero los iba aliviar. Mi hermana dice que estaban tan enfermos que esta olían mal. Así estuvieron aguantando hasta que se recuperaron poco a poco. Así era.

Teníamos que aguantar hasta componernos nosotros solos, o a clamar a Dios que nos ayudará.

Cuando estábamos niños, unos de mis hermanos, a veces se orinaban en la cama cuando estaban durmiendo.

Mi papá se enojaba y les decía, "No se anden miando en la cama porque les voy a amarrar," y luego decía una palabra inusual.

O sea que quería decirles que sí se orinaban en la cama les iba a amarrar el pene con un alambre. Cuando yo estaba niña yo sentía que a mí me podía mucho lo que les pasaba a ellos. Cuando oía a mi papá decir eso, me daba mucho miedo que lo fuera hacer. Imagínese ellos cómo estarían. Gracias a Dios, eso no pasó. Nomás los asustaba.

A veces, cuando íbamos a la escuela, estaba el río crecido. Para poder ir a la escuela mi papá nos pasaba el río crecido en el caballo. A mí me daba mucho miedo y me imagino que a mis hermanos también. El agua estaba honda y corría fuerte. Cuando íbamos pasando el río al caballo nomás se le alcanzaba a ver del cuello para arriba. Aparte de asustados, quedábamos con la ropa mojada. Así nos íbamos a la escuela. La ropa se nos secaba en el cuerpo. Pienso que, si uno de nosotros nos hubiéramos caído del caballo, nos hubiéramos ahogado, seguramente.

Había veces que, todavía ni despertábamos, cuando comenzaba mi padre con sus gritos, "¡Levántense huevones!"

Hubo veces que si no hacíamos caso al instante nos echaba agua.

Ahí en esa casa, era raro el día que no hubiera discusiones y pleitos. Cuando no era con un hermano era con otro. Cuando mis hermanos eran grandes, entonces ya ellos se defendían de los golpes y maltratos que les daba mi papá, y cuando mi papá le pegaba a mi mamá la defendían. Fue muy triste porque se daban golpes, mi papá con ellos y ellos con él. Mis hermanos ya no se dejaban. Tanto que nos trabajó, no nos duele haberle ayudado, nomás que no nos hubiera maltratado y al último hasta nos corrió. Mis hermanos se comenzaron a venir de ilegales para Los Estados Unidos, huyendo de los maltratos. Mi padre ni siquiera les decía, adiós, que les vaya bien.

Un día mi hermano Francisco estaba enfermo, y tenía una fiebre muy alta. En la noche se levantó de la cama y dijo que iba a orinar. En ese tiempo no había escusado en la casa. Salió para fuera y no volvió pronto. Él tendría como catorce años de edad. Pedimos a mi tía que nos ayudarán a buscarlo, y no lo encontramos. Andábamos con luces en la oscuridad de la noche. Le gritábamos y no nos contestaba. Al mucho rato oímos ladridos de unos perros, de los vecinos que vivían más retirados de la casa. Pensamos, *por ahí viene*. Se oyeron los perros ladrar y, al ratito, llegó todo mojado. Pasó el río, que estaba crecido, y venía rasguñado por los mezquites. Lo que pasó, era que estaba soñando y andaba sonámbulo. Dijo Francisco que despertó allá saliendo al río. Ya estaba cerca a unas casas y despertó todo asustado. También a Juan le pasaba que se levantaba dormido.

Una vez mi padre mandó a Alfredo por las vacas rumbo a un cerro, y lo agarró un aguacero muy fuerte. El andaba en el caballo. El caballo se agarró a galope y galope. No quería parar.

Un señor le gritaba, ¡"Alfredo el arroyo está crecido!"

El caballo no quería parar. Llegaron al arroyo crecido, y lo pasó con Alfredo arriba de él. Siguió galope y galope hasta que llegaron al pueblo. Ahí estaba el río crecido, y no tenía pasada. En veces, cuando el rio crecía, gente se juntaba en la orilla, para ver.

Alfredo les gritó, "¡Ayúdenme!," y detuvieron el caballo.

Dice Alfredo que tenía mucho miedo que el caballo fuera también a querer pasar el río. Gracias a Dios que había gente ahí que lo ayudó.

Recuerdo otra vez que cayó un aguacero, muy fuerte, cuando andábamos trabajando. Todos corrieron a ir a meterse al cuarto. Mi papá me mandó que fuera, casi hasta media tierra, a recoger unos frenos de los animales. Yo era una niña, y tenía tanto miedo mirar aquellos rayos en el cielo y los truenos, que estaban muy fuertes. Lloré de miedo.

Cada año que sembrábamos, esa siembra crecía con pura agua del cielo y, sin embargo, sí se levantaban cosechas. Pero había veces que se tardaban días para que lloviera, y hacían novenarios a San Isidro Labrador, para que lloviera. Según, es el santo del cultivo. Le rezaban por nueve días. Íbamos caminando, la gente rezando y cantando hasta en donde había un cerrito que tenía una cruz. Me acuerdo que había unas muchachas muy buenas para cantar. Cuando venían las tempestades muy feas, nos salíamos a cortar la nube con un cuchillo. Andábamos rece y rece, muy asustadas.

Me platico Alfredo de otra vez que era niño, y andaba con mi papá en el caballo, y él en las ancas. Andaba allá en donde mi papá tenía las vacas. Esa vez pasaron por la tinaja blanca.

Le pregunté a Alfredo, "¿Qué es la tinaja blanca?"

Me dijo, "Es como un arroyo. Baja uno y es como un resbaladero que tiene puras piedras planas y blancas. Cuando subíamos me daba mucho miedo y casi me caía del caballo. A mi papá no le importaba si tenía miedo o no."

Capítulo 15

Cástulo y Lucrecia

Para mi mamá y mi papá, parece que el hijo único que les importa es Cástulo, el mayor de los hombres. Él es el único hermano que ayudaron, dándole vacas y él trabaja las tierras de mi papá hasta hoy. Aunque es el único hijo que se beneficia de lo de él, también fue maltratado. Una de las veces le pegaron mucho porque él se quería venir para Los Estados Unidos. El corrió y se metió en la casa de la suegra de Beatriz. Mi padre se metió y lo saco de allí. El no respetaba, ni las casas ajenas.

Mi hermano se vino para acá de ilegal y estuvo trabajando. Él mandaba sus ganancias a Leticia para que se lo guardara. Mi papá se dio cuenta de ese dinero y le dijo a Leticia que le dijera a Cástulo si quería que mi papá le pusiera el dinero en el banco, y así fue. Cuando Cástulo regreso ya no tenía dinero, porque mi papá se lo robó.

Aunque sufrió maltratos, después mi mamá y mi papá fueron prefiriéndolo, nomás a él.

Una vez mi hermana Leticia escucho a mi papá que dijo, "De todos, nomás Cástulo sirvió."

Mi hermana le dijo, "Oiga papá, todos trabajan día con día, nomás que usted no los mira porque no viven aquí."

Para mis papás, parece que se les olvidó que tuvieron ocho hijos más. Nomás la preferencia por Cástulo. Los demás fuimos un cero a la izquierda para ellos.

Me platican de una vez que llegó Alfredo a la casa, de acá de Los Estados Unidos. En ese tiempo Cástulo estaba acá también. Cuando llegó Alfredo mi papá iba muy contento a saludarlo creyendo que era Cástulo.

Cuando estaba frente a él le dice, "Ah, eres tú. Yo creía que eras Cástulo."

Se le notó una decepción muy grande. Se le acabó el gusto porque no era Cástulo. Me imagino que Alfredo se sintió muy despreciado.

En el año 1984, en un municipio cerca del pueblo en donde vivíamos, daban un premio al que mejor cosecha levantará de todos. Ese año Francisco sembró unas tierras y él fue el que levantó mejor cosecha de todas las personas que habían sembrado. Él se ganó el premio, que era una desgranadora de maíz. Cástulo y mi papá se la quitaron y esa vez, hasta se pelearon por eso. Nunca se la devolvieron.

No me acuerdo mucho de Lucrecia, cuando estaba en la casa antes de casarse. En ese tiempo yo estaba muy niña. Tengo entendido que también a ella la golpearon algunas veces. Mis hermanos se acuerdan, y yo también, que ya después de casada, cuando iba de visita, se secreteaba con mi papá. Una de las veces que estaban secreteándose en la galera, a escondidas de mi mamá y de todos nosotros, nos tocó verla. Lucrecia y yo tuvimos una plática por teléfono, y me dijo que Cástulo y ella tienen un secreto. No sé qué se traen ellos dos.

En otra conversación por teléfono, Lucrecia me dijo que ella no miró nada de los maltratos que sufrimos por mis papás, porque ella se fue muy chica de ahí. No sé por qué dice eso, si bien sabe lo que pasamos ahí. Sí hubo cosas que no vio, porque ya no vivía con nosotros. Pero aún, si se dio cuenta de muchas cosas que pasaron ahí, porque nosotros le platicábamos. También pasaban cosas que miro cuando ella iba de visita.

Capítulo 16

Beatriz

Cuando Francisco era niño le salían unas llagas en la Cabeza. Mi papá y mi mamá, según ellos, lo curaban, pero, de una forma muy cruel. No me puedo acordar que le echaban. Mi hermano lloraba porque le dolía mucho cada vez que le hacían eso, y una vez no se quería dejar que lo curaran.

Mi mamá le dijo a mi papá, "Mira éste no se quiere dejar."

Mi papá traía un cuchillo en la mano y le dijo, "Te mato, muchacho, si no te dejas."

Dice Beatriz que ella sintió tanto miedo que brincó por una ventana y se fue corriendo a casa de mi abuelita, y le dijo, "Abuelita mi papá quiere matar a Francisco."

Mi abuelita y Beatriz se fueron a la casa a ver qué estaba pasando.

Dice Beatriz, que ahí se hizo la discusión entre mi abuelita y mi papá.

Mi abuelita le dijo "Acuérdate Severiano, por qué te quite a Beatriz. Porque nació mujer y tú querías hombre y por eso se la ibas a dar a los marranos para que se la comieran."

Así fue que Beatriz se dio cuenta por qué ella se crio con mi abuelita.

Dice Beatriz, que otra vez fue una tía, hija de mi abuelita, a rogarle y suplicarle a mi papá que dejara ir a Beatriz, otra vez, con mi abuelita. Mi papá otra vez no quiso y se enojó tanto. Mi papá corrió atrás de Beatriz porque la quería agarrar. Mi tía corrió queriendo proteger a Beatriz, y como era de noche, se cayó en un nopal y se le clavaron las espinas. Mis abuelitos la tuvieron que llevar al hospital para que le sacaran las espinas. Beatriz alcanzó a meterse en casa de otra tía, hermana de mi papá, y se escondió debajo de la cama. Mi papá la encontró, y se la llevó a la casa amarrada y la golpeó.

Mis hermanas mayores recuerdan haber escuchado a mi abuelita que le decía a mi mamá, "Defiende a tus hijos, porque Severiano te los va a venir matando."

No nos mató, pero en ese peligro estuvimos cuando nosotros íbamos a ver a mi abuelita a escondidas de mi papá. Mi abuelita, que Dios en paz la tenga, siempre lo primero que hacía era darnos de comer.

Beatriz tuvo una niñez muy bonita, nomás hasta los 12 años. Dice que mi abuelita le daba dinero cuando iba a la escuela y en la hora de recreo se compraba dulces o algo para comer. Dice que un día mi abuelita no tenía dinero para darle y le dio un huevo de gallina. Junto a la escuela, ahí cerquitas, están las tiendas donde compraban los huevos. También ahí cerquita, estaba la escuela, pegada a la iglesia. Una vez que mi hermana iba a la misa, mi abuelita otra vez le dio un huevo. En vez de primero ir a venderlo, se fue con el huevo a la iglesia. Ahí estuvo toda la misa con el huevo en la mano.

También, Leticia me platica de una vez que querían ir, ella y Beatriz, a la feria del pueblo. Mi abuelita, otra vez, no tenía dinero para darles para que fueran. Les dio huevos para que fueran a venderlos y con eso pudieron ir. Dice Leticia que se subieron a las sillitas voladoras y cuando estaba a todo vuelo, Leticia se comenzó a vomitar. Ellas platican anécdotas de mi abuelita y ahora se acuerdan y les da risa y me hacen reír a mí también.

Dice Beatriz que una vez que ella fue a casa de mi abuelita, mi mamá y mi papá fueron por ella y llevaban una soga. Ella se escondió en el tazole, o sea, en la pastura para los animales.

Dice que le decían "Bájate de ahí, te vamos a dar dulce."

Lo de los dulces eran mentiras. Nomás le decían eso para que se bajara, y golpearla.

Cuando mi hermana Beatriz ya vivía en la casa con nosotros, pasó el tiempo y tuvo novio. Un muchacho de ahí del pueblo. Una noche, según tengo entendido qué, Beatriz ya se había puesto de acuerdo con el novio que se iban a mirar en la noria cuando ella fuera a lavar el nixtamal. Mi mamá ya se había fijado que Javier, el novio de Beatriz, iba caminando rumbo a dónde estaba la noria. No dejó a Beatriz que fuera a lavar el nixtamal y mandó a Leticia.

Dice Leticia, "Yo iba con miedo, ya estaba noche. Llegué muy apurada y quité la tapadera de la noria y ahí estaba Javier adentro."

La noria tiene unos agujeros en cada lado de la pared, de arriba hasta abajo. Podía pararse con las piernas abiertas y poner un pie adentro de un agujero y el otro pie al otro lado de la pared adentro del otro agujero. Javier estaba parado en los primeros agujeros y cuando mi hermana abrió la tapadera de la noria se asustó mucho cuando lo vio. Imagínense en la noche, en lo oscuro. Fue una broma de muy mal gusto. Mi hermana se enojó con él. Ya después Javier se notaba arrepentido, y no hallaba como contentarla. Dice que hasta le ayudó a sacar el agua, para que lavara el nixtamal. Esa broma era para Beatriz y le tocó a Leticia.

Me acuerdo, muy apenas, cuando el novio de Beatriz le llevaba serenata con los músicos, y le cantaban junto a la ventana. Era cuando mi mamá encerraba a Beatriz y Leticia, todas las noches, con candado cuando se llegaba la hora de dormir. Me acuerdo que yo quería dormir con ellas, para oír la música ahí junto a la ventana, aunque estuviéramos encerradas. Pero ellas no querían que durmiera con ellas. Como yo era niña, les hacía mal tercio. Me platica Leticia, que el novio de Beatriz, a veces iba en la noche cuando ellas estaban ahí encerradas y platicaba con el novio por un agujerito que tenía la ventana.

Lo raro que se me hace es que mi papá nunca corrió a los músicos cuando iban a llevarle serenata. Al contrario, también ellos se ponían a oír la música. Hoy en día es el esposo y todavía hasta hoy es músico de mariachi. A mi mamá de nada le sirvió que la tuviera encerrada. Beatrice, cansada de tanto abuso, a los quince años, una noche se le salió por la ventana y se fue con el novio.

Beatriz me platicó de una vez cuando ella todavía vivía con mi abuelita, que estaba enferma de las anginas. Mi tía y mi abuelita la llevaron al doctor. Mi abuelito no tenía suficiente dinero para pagar la operación. Fue mi abuelito, que Dios en paz lo tenga, a vender una mula a un señor, pero no le halló. Mi abuelito fue con mi papá y le platicó la situación.

Mi papá, en vez de nomás darle el dinero, le dijo, "Véndeme la mula. Yo te la compro." Operaron a mi hermana, y después, mi papá y mi tía, que Dios en paz la tenga también, se fueron a casa de otra tía donde mi papá le quiso pegar porque le dolía mucho la garganta y no podía tragar la medicina.

Una vez mi mamá le hizo un vestido a Beatriz que estaba bien de largo, pero, aun así, mi papá le bajó la bastilla. Cuando comenzamos a ponernos pantalón se enojaba. Con vestido un poco descubierta las piernas, o con pantalón totalmente cubiertas, de todos modos, se enojaba. No tenía remedio.

Me dijo Beatriz de una vez que le pidió permiso a mi mamá para ir a otro pueblo con unas amigas. Dice que ella tenía el pelo largo y le gustaba mucho.

Mi mamá le dijo, "Te dejo ir con la condición de que te cortes el pelo."

Mi mamá siempre nos hacía sentirnos mal.

En ese tiempo hicieron un concurso de belleza y la que más votos y más dinero juntaba, seria escogida para reina del pueblo. Recuerdo muy apenas, que eran tres muchachas y Beatriz fue la que gano. Creo, que el dinero era para el beneficio del pueblo. Esa vez, de milagro, mi papá mató una vaca para la comida para tanta gente. Esa vaca le decían la payasa. Me acuerdo que andábamos acarreando sillas de la casa de una tía, para que se sentara la gente. Lo demás no me acuerdo, estaba yo muy niña.

Mi hermana Leticia, dice que el padrino de Beatriz las confundía. Le daba veinte centavos a Leticia, creyendo que era Beatriz.

Leticia iba y le decía a Beatriz, "Mira lo que me dio tu padrino."

Mi hermana Beatriz se enojaba y le decía Leticia, "Yo no tengo la culpa. A mí me los dio."

Ahora se acuerdan, y les da risa. El padrino de Leticia también era muy bueno con ella. Le regalaba cosas, y cuando la invitaba a comer a la casa de él, le compraba una soda. Pues qué suave por ella porque no estábamos impuestos a tomar soda. Allá muy a lo lejos tomábamos. A mí, una de mis madrinas, que Dios en paz la tenga, me regaló una muñeca de vidrio y todavía hasta hoy existe.

Capítulo 17

Accidentes Que Le Pasaron A Mi Papá

A mi papá le pasaron varios accidentes. Gracias a Dios que, a nosotros, en esa manera, no nos pasó nada. Si a alguno de nosotros nos hubiera pasado algo, hubiera sido un problema para que mi papá pagara, para llevarnos al doctor. A mi papá le teníamos miedo y más cuando lo mirábamos con su pistola fajada en el pantalón. Una vez, cuando mi papá y mi mamá estaban en el cuarto del potrero, se le salió un balazo de su pistola. Mi mamá nos platicó que mi papá se escapó de que le pegara el balazo. Otra vez andaba junto la noria que está cerca del cuarto. La tapadera estaba abierta, porque apenas habíamos sacado agua. Mi papá se tropezó, y ya mero se caía adentro.

Una vez venían mi papá, Alfredo, y Jaime del potrero en la rula. Cuando estaban cerca de llegar a la casa, estaba un hueso de una vaca muerta en el camino. Los animales se asustaron y se salieron del camino para una ladera. Alfredo y Jaime alcanzaron a brincar, pero mi Papá quedo debajo de la rula. Se le quebraron unas costillas.

Otra vez andaban unos de mis hermanos ayudando a mi papá a moler pastura en un molino. Por andar de apurado, el molino alcanzó a agarrarle un brazo a mi papá, y se lo quebró. Ese brazo sano chueco y nunca le quedó bien.

Me platica Alfredo, de otra ocasión que andaba mi papá montado en el caballo corriendo atrás de la vaca coneja. Iba correteándola rumbo al potrero, cuando, de repente, mi papá se topó con un alambre que estaba prendido de un poste. Le salió sangre del cuello, pero se escapó de ahorcarse.

En otra ocasión, Alfredo tendría como diez años, y andaba con mi papá en las tierras que están allá en el potrero.

Mi papá halló una piedra muy grande que estaba enterrada y le dijo Alfredo, "Agarra el hacha y corta una vara de un táscate y amárralo a la carrucha y con un lazo amarrarlo a la vara."

Entre Alfredo y mi papá, sacaron la piedrota. Voltearon la carrucha y pudieron arrimarla y subir la piedra. Ya que la tenían arriba, uno agarró la carrucha de las agarraderas y el otro la jalaba con el mecate que habían amarrado de la vara.

Cuando salieron de las tierras e iban a bajar la loma, se reventó la vara y se atoró en la rueda de la carrucha. La piedra se cayó y rodo por la loma. Esa vez también, mi papá se escapó de que la piedra le pegara a él. Mi papá se enojó tanto que hasta le quiso pegar a Alfredo, como si Alfredo hubiera tenido la culpa. Arrimaron esa piedra para el frente del cuarto junto al cerco del corral. Creo que esa piedra, hasta hoy todavía está ahí.

En otra ocasión, me platico mi mamá y mi hermana Beatriz, que estaba mi papá partiendo leña con un hacha. En ese tiempo ya tenía sus noventa años. Estaba sentado, y se alcanzó a cortar un dedo del pie. Estuvo malo un tiempo, y aunque tenía el dedo infectado, no quería ir al doctor. Por fin Cástulo lo convenció que fuera al hospital. Esa vez lo tuvieron que operar de ese dedo.

Capítulo 18

Historia de Leticia

Me platica mi hermana Leticia que otra vez mi mamá la mandó que fuera a llevar la cena a mi papá en la labor. Cuando iba caminando, la agarró un aguacero muy fuerte. Se hizo noche y ella con la ropa toda mojada. Un señor, conocido de ahí del pueblo, tenía una labor ahí pegada a la de mi papá. Al Señor, le dio lástima verla con la ropa toda mojada y le preguntó a mi papá si la podría llevar a la casa de él. Mi papá le dijo que sí.

Dice Leticia, "Me fui con Don José a su casa.

Me dijo la esposa de Don José, "Quítese su ropa mojada y póngase está, y luego venga para darle cena.

"Después que acabe de cenar, de rato me llevó al cuarto que fuera a dormir. Ahí la pasé hasta que amaneció. Me acuerdo que estaba la cama muy blandita y me trataron muy bien. Era algo que, en la casa, con mis papás, no sentíamos. Cuando amaneció, me cambié mi ropa, que ya estaba seca, me dieron almuerzo y

enseguida me llevó Don José a la labor en dónde todavía estaba mi papá."

Mi hermana Leticia, una vez, estaba mala de un
dolor de muela y lloraba de dolor. Ella tendría como
trece o catorce años. Mi papá nunca la llevó al dentista.
Con el tiempo la muela se fue cayendo a pedacitos.
Cuando a mi padre le dolió una muela por primera vez,
entonces el sí fue al dentista.

En otra ocasión, Leticia se enfermó de anemia. Era
una niña. Estaba muy delgada, y tan enferma que, esa
vez, mi papá si la llevó al doctor, pero no se alivió.
Entonces mi papá dijo, "Ya déjenla."

O sea que sí se muere, se muere. Mi papá ya no
quería hacer lucha por ella. Esa vez mi mamá la volvió
a llevar al doctor, pero a las escondidas de mi papá.
Poco a poco se fue recuperando y se alivió. Dice Leticia que es lo único que le agradece a mi mamá. Que no
la dejó morir.

En aquellos años que se empezaron a usar las faldas
cortas, andaba esa moda. Leticia traía una falda nomás
poquito arriba de la rodilla. Por eso la golpearon tanto,
mi mamá y mi papá.

Un día, saliendo de la escuela, Leticia se puso a
jugar con unas amiguitas, un juego donde pintábamos unos cuadros en la banqueta o en la tierra y los
brincábamos. Leticia se quitó sus huaraches, que mi

abuelita le había comprado. Cuando acabaron de jugar se fueron caminando cada quien, para su casa. Cuando mi hermana ya iba a medio camino, se fijó que no traía los huaraches. Los dejó olvidados. Se devolvió, corriendo a ir por ellos y cuando llegó ya no estaban. Se fue muy triste y con miedo que la fueran a regañar mis papás por haberlos olvidado, pero no se dieron cuenta. Al siguiente día todavía estaba mi hermana con miedo pensando, *cómo le hago, cómo le hago. A ya se.*

"Aquí dejé mis huaraches. ¿Quién agarró mis huaraches? Aquí los deje. ¿Quién los agarró?"

Dice que decía mi mamá, "Por ahí han de estar."

Nunca se dieron cuenta de los huaraches olvidados.

Me platica Leticia que hubo un tiempo que ella no quería salir los domingos con las amigas porque mis papás la dejaban ir y luego venía el castigo. Un día fueron Alicia y Lucina a invitarla a un cumpleaños de una muchacha de ahí del pueblo. Mis papás la dejaron que fuera y hasta le dijeron que se quedará en la noche a dormir en casa de Alicia y Lucina. La mamá de las amigas las llevó a la fiesta. El baile era en la sala de una casa.

Dice mi hermana, "Cuando yo estaba en la cocina platicando con la mamá de la festejada, entró un muchacho a la cocina y me invitó a bailar. Yo acepté. Yo no sabía quién era. Cuando se terminó la fiesta me pregunto si nos podíamos mirar en otro día. Yo le dije que vaya a mi casa. Yo como que no lo tome muy en serio, y nos fuimos de la fiesta. Íbamos caminando a la casa de las amigas con la mamá de ellas, y sus novios.

"Recuerdo que había muy bonita noche con luna. Pasó la semana, y yo ni me acordaba de aquel muchacho. Se llegó el domingo, iba caminando con Lucina y Alicia cuando Lucina volteó y me dice, 'Ahí viene el muchacho con el que bailó en la fiesta.' Yo voltié y sí era él. Platicamos ese domingo. Cuando ya tenía que irme a la casa, paramos junto a un táscate, cuando miro a mi papá que venía. Corrí a la casa. Yo pensaba que me iba a ir muy mal. Llegué a la casa y me cambié de ropa para que mi papá creyera que no era yo. Llegó mi papá y no me dijo nada. De ahí seguimos de novios por un tiempo."

En aquel tiempo en el pueblo y en los pueblitos cercanos no había luz eléctrica. Todas las gentes se alumbraban con luces de petróleo. Pasaron los años y después entonces pusieron la luz eléctrica en los pueblos. Mi papá no quiso poner la luz eléctrica, porque no quería pagar. Mirábamos otras casas muy alumbradas y la de nosotros muy oscura, con las luces de petróleo.

Al fin Cástulo pago para que fueran a instalar la luz eléctrica. Se nos hacía muy suave con la casa muy alumbrada. Así estuvimos hasta que vinieron los primeros recibos de pago. Ahí comenzó mi papá a molestar, que estaba muy caro. Mandó a quitar la luz. Otra vez a alumbrarnos con las luces de petróleo.

Así estuvimos otro tiempo, hasta que a mi hermana Leticia la pidieron en matrimonio. Cuando se iba a casar, fue otro problema para organizar lo de la boda. Fue entonces que mi padre mandó a poner la luz eléctrica, pero batallamos mucho para que se quedara la luz eléctrica en la casa.

La noche antes de la boda, duré parte de la noche haciendo tortillas de maíz para la comida. Esa vez sí llevamos el nixtamal a que lo molieran en el molino que había en el pueblo. Yo tenía casi 14 años. La misa fue en la iglesia del pueblo. Mi padre quería hacer el baile en la casa. Al fin lo convencieron hacerlo en el salón del pueblo. Leticia fue la única de las mujeres que se casó de blanco. Desde que el baile empezó, yo me estaba durmiendo por la desvelada que me di haciendo tortillas.

Hablé con Leticia y le dije, "Escríbeme y mándame en el correo contándome que más te pasó. Yo soy la más chiquita de las mujeres y hay cosas que yo no sé con detalles."

Me escribió una carta y dice así:

"Yo, Leticia, recuerdo de mi infancia y adolescencia. El primer recuerdo, creo que tenía tres o cuatro años, porque el recuerdo es muy vago. Recuerdo a mi padre golpeando a mi madre y yo agarrada de las piernas de mi madre queriéndoselo quitar. De ahí en adelante, era cosa de casi todos los días; golpes, gritos, insultos de mi padre para mi madre. Conforme fuimos creciendo. Esa violencia y el abuso fue de mi padre y mi madre contra nosotros, que somos sus hijos y éramos niños. Yo, Leticia, en lo personal viví esas horribles experiencias aparte de la violencia y abusos que sufrieron mis hermanos y que a mí me dolían.

"Recuerdo un día era Domingo de Ramos, mi padre y mi madre nos dijeron que fuéramos a la iglesia a misa. Yo hice lo que ellos dijeron. Me fui a misa. La misa terminó tarde porque el padre llegó tarde. Cuando la misa terminó, me fui a la casa apurada y cuando iba llegando salieron mis padres, como de entre las sombras, en frente del partidero de leña. Con palos y sogas me golpearon los dos, yo estaba muy asustada porque parecía que los vecinos no estaban. No había nadie que me pudiera defender. Así es de que me golpearon hasta que ellos quisieron.

"Al siguiente día, cómo era Semana Santa, en la iglesia había celebraciones. Ellos dijeron que fuéramos a los ejercicios de Semana Santa. Yo me alisté y cuando iba a salir, no les gustó el vestido que me puse y empezaron a golpearme otra vez. Mis hermanos ya se habían ido. Creo que nomás mi hermana, la más chiquita estaba, pero ella tenía como cinco o seis años. Yo sentí mucho miedo y salí corriendo por entre los árboles y el barranco. Me fui a casa de mi abuelita y le conté todo.

Ella me dijo, "No te vayas, aquí quédate."

Mi abuelita no podía ir a casa de mis papás porque mi padre la corría.

Esa misma tarde que fui a casa de mi abuelita, llegó mi hermano, el mayor, y me dijo, "No te vayas. Mis papás están muy enojados," y ahí me quedé.

"Como a los tres días le llegó un citatorio a mi abuelita que decía que se presentará en la presidencia conmigo, como si yo hubiera cometido un delito. Yo simplemente corrí porque les tenía mucho miedo. Cuando llegamos a la presidencia, mi padre insultaba a mi abuelita y ahí salieron pleitos muy feos, que había pasado entre mis padres desde antes que yo naciera. Yo era una adolescente y no sabía qué hacer. Cuando el presidente dijo que yo tenía que volver a la casa de mis padres, porque yo era menor de edad, era como si no había ley, porque ni la ley pudo hacer algo por mí.

"Cuando salimos de la presidencia, yo tenía mucho miedo y pensé *qué puedo hacer para que termine ese abuso y esa violencia contra mí y mis hermanos*. Pensé si les daba un susto a lo mejor ellos cambian. Llegué a la tienda y pedí 25 pastillas. Me tomé 4 o 5, porque pensé con cuatro o cinco no me muero. Las demás las saqué del papel y tiré los papeles entre los árboles por donde ellos iban a pasar, para que pensaran que me las había tomado todas, pero nada cambió en ellos. Mi padrino, que nos había acompañado a la presidencia, me llevó al hospital del pueblo. Cuando salí del hospital, me quede en la casa de mis padrinos por unos días, y luego volví a casa de mis papás a la misma violencia.

"Cuando yo tenía 11 años, nos encerraban todas las noches con candado en un cuarto sin luz, a mi hermana Beatriz y a mí. Había una ventana, pero esa ventana la tapaban con cartones o pedazos de madera o pieles de borrego. Así es de que no entraba nada de luz, era una oscuridad total. Nunca había visto una oscuridad tan aterradora como esa. Mi hermana Beatriz ponía un bote en ese cuarto por si necesitábamos orinar en la noche.

"Recuerdo que una noche desperté con un dolor como ardor en una pierna. Yo me tocaba y sentía mi pierna pegajosa, pero como estaba tan oscuro no podía ver nada, así es de que me aguanté hasta que amaneció y nos abrieron la puerta. Yo me levanté y lo primero que vi fue mi pierna llena de sangre y una cortada. Me fijé en la cama, en la almohada, en las cobijas, la sabana, el colchón y no mire nada que me podría haber cortado. Nunca supe qué pasó. Ahorita me acabo de medir la cicatriz y es de tres pulgadas.

"Yo me asusté mucho, pero no le dije nada a mi madre ni a nadie. No teníamos confianza para decir nada, tenía miedo para todo. A mi madre, la recuerdo con el candado en la mano, apurándonos para que acabáramos de limpiar la cocina, que era el último trabajo del día. Ese encierro de todas las noches, duró como dos o tres años. Mi hermana Beatriz huyó con su novio cuando tenía quince años y entonces se acabó el encierro para mí.

"Otra cosa que recuerdo de mis padres, es que ellos creían en brujerías. Una mañana cuando yo tenía 17 años, mi madre me dijo que yo tenía que ir con mi padre a una ciudad. Llegamos a la casa de una tía de él y después me llevó a otra casa en donde había un señor de edad avanzada. Yo no sabía quién era ni a que habíamos ido. El señor le entregó a mi padre una bolsa con una botella adentro y nos fuimos a la casa. Todo estaba muy extraño.

"Yo no entendía nada, pero sentía que algo estaba pasando o algo iba a pasar. Al siguiente día, cuando me levante estaban los dos, mi padre y mi madre, en la cocina. Mi madre traía un vaso en la mano con algo adentro y me dijo que me lo tomara. Les pregunté que era y nomás me decían que tenía que tomarlo. Como no sabía que era, yo no quería tomarlo, y me dieron a tomar a fuerzas. Tomé parte y parte se cayó. Tenía muy mal sabor. Nunca supe qué fue lo que me dieron.

"Ese mismo día por la tarde, uno de mis ojos se puso muy rojo con mucho dolor y no podía mirar la luz. Duré como una semana con los ojos vendados. No sé cómo se dio cuenta, pero después fue a verme el doctor del hospital del pueblo y me llevó a un hospital de la ciudad. Ahí me quitaron un ojo. Fue algo doloroso y triste y sin nadie que me consolara o me diera una palabra de aliento. Gracias a Dios conocí a mi esposo y el me trajo a este país (USA). Como la ciencia está muy avanzada, hay excelentes prótesis y trasplantes de órganos, y por eso le doy gracias a Dios, y por tantas cosas buenas y bendiciones que Dios me ha dado desde que salí de casa de mis padres.

"Otro acontecimiento que recuerdo, un día que una amiga que era vecina de la casa fue a pedir permiso para que yo la acompañara a una fiesta. Mi madre le dijo que sí, y nos fuimos a la fiesta. Era en otro pueblo, como cinco millas de distancia, más o menos. Era en donde vivía mi hermana Lucrecia, la mayor de la familia que ya estaba casada. Todavía no empezaba la fiesta, cuando llegó mi hermano Cástulo y me dijo que mi padre me andaba buscando muy enojado. Yo me asusté mucho y les dije que ya no iba a ir a la fiesta.

Todos se fueron al baile y a mí me escondieron en la casa de una vecina de mi hermana Lucrecia. Cuando el baile terminó pasaron mi hermano y mi amiga por mí. Llegamos a la casa de los papás de mi amiga. Mi hermano me dijo que ahí me quedara mientras él iba a ver qué tan enojado estaba mi padre. No recuerdo qué pasó enseguida, parece que mi mente se estancó, pero mi hermana, la más chica dice que ella sí se acuerda. Dice que mi padre fue a casa de los papás de mi amiga y me sacó de ahí a jalones de pelo y golpes.

"Ahorita, me estoy acordando de una vez que mi padre golpeó mucho a mi hermano Jaime porque tiró una piedra y rompió un vidrio de una ventana.

Yo le dije, 'Pórtate bien para que no te peguen.'

Él me contestó, 'Es lo mismo. Si me porto bien, me pegan y si me porto mal también me pegan.'

"Era verdad. Ese era el pan nuestro de cada día.

"En otra ocasión recuerdo que me dijo mi madre que fuera con mi padre al potrero a trabajar. Cuando supe que nomás mi padre y yo íbamos a ir, sentí tanto miedo. Corrí y me escondí atrás de la casa de mis padres, donde hay una ladera y al final de la ladera está el río. Allí hay un barranco en el cual había una cuevita donde me escondí. Yo los oía que andaban por la ladera gritándome, pero no salí, y no me encontraron. Yo sabía que en la tarde me iban a golpear, pero no me importaba. El miedo de estar sola con mi padre en el potrero era más grande.

"Entre tanto sufrimiento yo tenía algo bueno, que era mi abuelita, la mamá de mi madre. Ella no podía ir a la casa porque mi papá la corría, pero yo iba a escondidas de mis padres. Cuando me mandaban a algún mandado yo corría y me iba primero a casa de mi abuelita. Era como un ratito de tranquilidad y le contaba todo lo que pasaba en la casa. Mi madre casi no iba a casa de mi abuelita porque mi padre se lo tenía prohibido. Cuando iba, era a escondidas de mi padre, cuando él no estaba en la casa.

"Una vez yo escuche a mi abuelita que le decía a mi madre, 'Defiende a tus hijos, te los va a venir matando.'

"Nunca nos defendió. Al contrario, le decía cosas a mi padre que no eran ciertas, para que nos golpeara.

"Todos mis hermanos y hermanas salieron de la casa muy chicos. Mis dos hermanas mayores huyeron con sus novios a los 15 años, y los demás salieron a los 15 y 16 años, a dónde podían. Yo fui la que duró más ahí. Yo salí a los 20 años.

"Un día que fui a casa de mi abuelita, la encontré tirada y no podía caminar. Me fui corriendo y le dije a mi madre que mi abuelita se había caído.

"Ella me dijo, 'Vete y cuídala.'

"Yo agarré la ropa que tenía y me fui con el permiso de mi madre. La cuide por un año. Ella me daba consejos y me quería mucho. Cuando le dije que me iba a casar, ella me dijo que lo hiciera. Ella sentía que ya no iba a durar mucho y que si ella moría yo tenía que volver a casa de mi padre y era lo que ella no quería. Yo me casé a los 21 años en enero de 1975 y ella murió en marzo del mismo año. Yo ya estaba aquí en Los Estados Unidos.

"Un día, antes de que me fuera a casa de mi abuelita, le pedí a Dios con todo mi corazón que me sacara de la casa de mis padres, y que me llevara muy lejos. Ahora vivo a 1300 millas de la casa de mis padres. Vivo en el estado de Michigan, con mis 10 bendiciones más grandes que Dios me ha dado, que son, mi esposo, mis cinco hijos, mis dos nietos, una nieta, dos nueras. Tengo tres hijos en casa que están jovencitos todavía y siento temor de que mi madre se acerque a ellos y les haga daño. Aunque sé que no les puede hacer nada, no puedo evitar sentir ese temor. Mi madre tiene ahora 93 años, es una ancianita. Pero sigue siendo la misma de siempre.

"Esta fue parte de mi historia desde que yo fui niña hasta que me salí de esa casa de mis padres. Mi hermana Rosa les platica lo demás que me pasó."

Capítulo 19

Ezequiel

Yo, Rosa, no sabía ni cómo era un examen de embarazo echo por un doctor. Mi mamá nunca nos dijo nada, nunca nos daba consejos. Cuando estaba cerca de que me viniera mi periodo menstrual supe porque eso sí me lo dijo una de mis hermanas. En la escuela no nos explicaban de eso. En aquel tiempo entrábamos a la escuela de 6 años y graduados de 12 años y de ahí seguía la secundaria, pero a mi papá, de eso no le importaba. No nos dio más estudio. A él, lo que le importaba, era que trabajáramos para él y nomás.

A todas mis hermanas les fue bien el matrimonio, menos a mí. A mí me tocó la mala suerte en el año 1977 y '78. Había un hombre, llamado Ezequiel, que me pretendía, pero yo no estaba segura con él. A veces platicaba con él, pero como amigos. Así como platicaba con mi primo o con cualquier otro muchacho, pero no me gustaba como para casarme con él.

Una vez, estaba en una fiesta de despedida de soltera de la novia de un primo. Cuando se acabó la fiesta iba caminando con unas amigas y paro Ezequiel y nos dio rait. Mis amigas se bajaron primero en un lugar. Yo me iba a bajar más allá más cerca a la casa de mis papás.

Cuando ya íbamos a pasar el río, él desvió el carro por otro rumbo y no quiso parar. Intenté tirarme del carro.

Él se agarraba de mi blusa y mi brazo y me dijo, "Si te tiras se te va a desgarrar la blusa." Como no me soltaba, tenía miedo que me fuera a agarrar la llanta. Se hizo tarde y no me dejaba irme. Cuando por fin paró el carro en las afueras del pueblo, corrí, pero me alcanzó. No pude con él y me violó.

Después yo me sentía culpable por no haberme bajado junto con mis amigas. Yo, lo que quería, era llegar a la casa de mis papás. El me llevó a la casa de su mama. Pasaron los días, y yo tenía miedo ir a la casa. No me sentía a gusto después de lo que me pasó. Un día fui con mucho miedo. Ezequiel fue conmigo. Mis papás no me dijeron nada. Hasta raro se me hizo. Agarre la poca ropa que tenía y nos fuimos. Pasaron los días y yo seguía ahí en la casa de la mamá de él.

Un día, cuando no había nadien en la casa, agarré la poca ropa que tenía, la puse en una bolsa, y me fui a casa de mis papás. No me quedaba otro remedio, no se puede vivir con una persona que no se quiere. Me fui con mucho miedo que me fueran a regañar o a pegar. Lo raro que se me hizo, que otra vez no me dijeron nada y ahí me quedé.

Pasó el tiempo y no me sentía bien de salud. Me sentía con vómito y mareo. No sabía que estaba pasando conmigo y nunca le dije a nadie. Yo no sabía que de esa violación iba a estar embarazada. Un día mi mamá me dijo que fuera a la ciudad, donde vive todavía mi hermana Beatriz. En aquel tiempo mi hermana tenía sus tres hijos chiquitos. Mi mamá me mandó que fuera a ayudarla con el quehacer de la casa, porque Beatriz no se sentía bien. Ella también estaba embarazada de su última niña. O sea que estábamos embarazadas las dos al mismo tiempo.

Cuando mi papá supo que estaba embarazada, en el año 1979, me corrió de la casa y me mandó que me casara con mi agresor, en contra de mi voluntad. Yo no quería casarme con él, pero nosotros teníamos que hacer lo que mi papá decía. Fui a la presidencia con un primo y su esposa, pero no estaba el señor que nos iba a casar. No me casé. En todo obra Dios.

Ezequiel murió de un ataque cardíaco en el año 1995.

Mi papá nunca supo lo que me pasó. Ya han pasado 37 años, y mi mamá, hasta hoy no sabe. Como nunca tuvimos confianza con ellos como para platicarles lo que a uno le pasaba o lo que uno sentía, preferí quedarme callada. Mi hermana, Lucrecia, quería que yo abortara, y eso que no sabía cómo sucedió. Yo nunca le he platicado a ella ni a Cástulo. Los demás de mis hermanas y hermanos si saben. Ellas pensaban que yo me había ido con este hombre para ya no pasar tanto maltrato con mis papás. Pero no fue así. Yo no me fui con él por mi propia voluntad.

Capítulo 20

Busca un hogar

Cuando mi papá me corrió de la casa yo me fui a vivir con mi tía, que Dios en paz la tenga. Esa tía era hermana de mi papá. En aquel tiempo mi hermana, Leticia había llegado con su esposo de acá de Estados Unidos. Se dieron cuenta en el problema que estaba y pensaron en mí. *Qué va a ser de ella, con mis papás.* Ya no más yo quedaba sola con ellos.

Me dijo mi cuñado si quería irme con ellos, y le dije que sí. De la casa de mi tía me fui a la iglesia del pueblo. Ahí me recogieron mi hermana y mi cuñado. Llegamos de noche al Río Grande, como se le dice en Los Estados Unidos. En México se conoce como el Río Bravo. Un río con dos nombres. Estaba honda el agua. Metimos un palo, que era más alto de nosotros, para chequear el agua y lo tapaba. Mi hermana, la cuñada de mi hermana, y yo, embarazada, pasamos juntas arriba de una rueda de hule, de llanta grande. Mi cuñado y el marido de la cuñada de mi hermana, nadaron, empujando el tubo hasta que llegamos al otro lado.

Ya estábamos en el lado Americano. Un cuñado de Leticia nos esperaba cerca del río y nos llevó a cenar en el Kentucky Fried Chicken. Fue mi primera comida en el lado americano. Luego nos llevó a casa de unos familiares de ellos. Ahí nos bañamos y dormimos.

Al siguiente día me vine con unas gentes familiares de mi cuñado. Pararon el carro, poco antes de llegar a un chequeo de inmigración y me escondí en la cajuela del carro. Pasamos el chequeo sin problemas y aunque fue poco tiempo, a mí se me hizo como una eternidad. Estaba tan calor, que inmediatamente estaba empapada en sudor. Cuando me abrieron la cajuela, me dieron agua y sandia y también toallitas para limpiarme el sudor.

Me llevaron a la casa de ellos y allí me recogieron mi hermana y mi cuñado. Viví con mi hermana y mi cuñado por un tiempo. Les agradezco que me hayan traído, con ellos para, acá a Estados Unidos.

Mi hija nació el primero de noviembre de 1979. Mi cuñado pago los gastos y mi hermana Leticia y mi cuñado la bautizaron, y son sus padrinos. Le dije a mi hija cómo ella fue concebida, cuando tenía 36 años de edad. Preferí decírselo yo, a que lo fuera a saber por medio de este libro o por medio de otra gente. Cuando le dije se sorprendió, y me abrazó como nunca me había abrazado antes. Lloramos las dos. Ella no tiene la culpa de nada. La cuidé, y nunca la rechacé.

Viví con mi hermana y mi cuñado un tiempo y conseguí trabajo en un restaurante. Allí conocí a una amiga llamada Delma y después a su hermano, Fabián. Lo conocí por muy poco tiempo y me prometió arreglarme los papeles para hacerme legal. Me hablaba bien y me casé con él.

Después descubrí que era un mujeriego, borracho, flojo, y golpeador de mujeres. Había tenido mujeres antes que yo y a todas las golpeó. Poco después de casados me empezó a golpear a mí. En cierta manera siento que les quedé mal a Leticia y a mi cuñado por casarme con este hombre, pero no quería ser una carga para ellos. Ya me habían ayudado bastante. Me dijo Fabián que quería un hijo y prometió cambiar y ser un buen hombre. El abuso hacia mí continuó, incluso cuando estaba embarazada de mi segundo hijo. Cosas no mejoraban y finalmente me sentía que no tenía ninguna otra opción, que regresar a México.

Me quedé sola con mis papás. Mi hermano Alfredo, el más chiquito, se había venido para acá a Estados Unidos en el año 1976. Cuando llegué mi papá despreció mi hija. No la aceptaba, y me hizo sentirme mal por ella. Yo pensaba, *una criatura no tiene culpa de nada*. Después fueron pasando los días y por fin mi papá fue aceptando la niña.

Pasaron los días y meses y yo pensando en mi segundo bebé. *¿Qué va a ser de nosotros?* Yo no quería que mi hijo naciera allá en mi pueblo en México. Tenía poca comunicación con el que era mi esposo. Él me decía que iba a ir por nosotros.

Como él ya me había mentido tantas veces, no le creí. Nomás me faltaba un mes para que naciera mi hijo cuando, un día, llegó. Por pura casualidad, en ese tiempo llego mi hermano, Juan, con su esposa. Con ellos nos vinimos otra vez para los Estados Unidos. Mis papás querían que yo dejará mi primera niña con ellos. Yo pensé, no, mi hija es mía. No la voy a dejar, y menos con ellos. Imagínense, le hubieran dado la vida que nos dieron a nosotros. Yo no quería hacer mi vida en mi pueblo con mis papás y menos con mis hijos.

Mi hermano y mi cuñada vivían en un pueblo de Nuevo México. Llegamos a su casa y al día siguiente, nos fuimos a Texas, con la familia de Fabián. Después de un rato, fuimos a Luisiana para ver si podíamos hacer la vida allá. Llegamos con unas familias de mi esposo. Es donde mi hijo nació, el 29 de Junio de 1981. Era lo que yo quería, que naciera aquí en Estados Unidos. Mientras que estaba en el hospital, seguridad tuvo que sacar al padre de mi hijo, porque no quería que el doctor se me acercara. Después de tres días en el hospital, salí y nos regresamos a Texas.

Aunque ya tenía el hijo, que él me pedía, Fabián no era más feliz, y se mantuvieron empeorando las cosas entre nosotros. Se desatendió completamente del niño. Se iba de la casa por días, y nos dejaba sin comida. Yo llegué a pesar 100 libras. No crio al niño, nunca le compró, ni siquiera, una caja de pañales.

Un día, apareció borracho. Me acorraló en un rincón del cuarto y me puso un cuchillo a la garganta. En otra ocasión, quiso ahorcar a su propio hijo. Gracias a Dios que a mi hija me la trató bien. Viví con él por un año y medio, pero en ese tiempo nos dejábamos y nos juntábamos. Cuando él intentó ahorcar a mi hijo, es cuando decidí dejarlo definitivamente. Mi hijo tenía cinco meses.

Me fui con mi hermano Juan y su esposa en Nuevo México y poco a poco fui recuperando mi peso normal. Estuve cinco o seis meses con ellos y mi hermano comenzó a preguntarme cuándo me iba a ir. No tenía dinero, ni recursos. Yo quería vivir aparte, sola con mis hijos. Trate de calificar para la vivienda de gobierno, pero no calificaba porque era indocumentada y tenía que tener tres hijos. En el momento solo tenía dos.

Yo seguía batallando. Me fui otra vez al estado de Texas en donde ya habíamos vivido. Allí, si califica por ayuda del gobierno y me ayudaron con renta, viles y comida. Rentamos un pequeño lugar de mi suegro. Vivimos allí por algún tiempo y al paso del tiempo me sentía sola. No tenía ninguna familia allí y no tenía apoyo por parte de la familia de mi esposo.

Mientras estábamos casados, pero separados, mi esposo tuvo un hijo con otra mujer y yo tuve un hijo con otro hombre. Sé que lo que hice estaba mal. Yo no podía verme viviendo cerca de mi marido para el resto de mi vida y quería volver a Nuevo México para estar más cerca de mi familia. Ahora si yo ya tenía mis tres hijos y podía calificar por asistencia de vivienda de gobierno.

Recuerdo que Fabián me decía, "¿Quién te va a querer con niños?"

Me humillaba y me ofendía. Un día mi suegro vino a visitar a su nieto. Estaba borracho y me di cuenta que le dijo cosas de mí a su esposa. Aunque nunca supe que le dijo y aunque estaba pagada la renta, me echaron de la casa con mis hijos.

Su esposa nos llevó a una casa de un rancho. Yo ni conocía la familia que vivía allí, y ni sé que les dijo ella, para que nos dejaran permanecer allí. Dormíamos en un colchón en el piso. Estuvimos ahí una semana y media cuando, por casualidad, mi hermana Lucrecia vino a buscarme a visitar. Me imagino yo que cuando ella fue a la casa y no me encontró, que le preguntó a mi suegro o a su esposa donde estaba. Creo que ellos les dijeron del rancho y cómo llegar allí. Nos recogieron, y nos trajeron a vivir con ellos en Nuevo México.

El que fue mi suegro ya murió de un derrame cerebral. El que fue mi esposo también ya murió. Tan valiente que según él era con las mujeres, les gustaba maltratarlas y golpearlas, hasta que una mujer, que vivía con él, lo mato. Tengo entendido que esta mujer le pegó con un sartén, lo desmayó, y le clavó un cuchillo en el torso. Esto pasó en Octubre del año 1995, cuando mi hijo tenía 14 años. La familia de él me avisó por medio de otra gente, que había muerto. Él se murió y nunca disfruto de su hijo. Todas las personas que más daño me han hecho, se han muerto.

Capítulo 21

Cambio Positivo

Vivimos con mi hermana Lucrecia por unos meses, antes de que pude conseguir una casa para mí y mis tres hijos. Por trabajo cuidaba niños en la casa. No trabajaba fuera de la casa porque no tenía carro y aparte no confiaba en nadie para que me cuidaran mis hijos.

Tenía viviendo, yo sola con mis hijos, más de tres años. Un día en la tarde fue Jaime, mi hermano, a visitarme. Al siguiente día que se iba ir al trabajo, su carro no quiso prender y le pidió rait a una señora que él conocía. Cuándo fue la señora por él, mi hermano todavía no estaba listo y yo la invite que lo esperara adentro de la casa. La señora comenzó a hacerme plática y me dijo que ella tenía un hermano soltero. Yo nomás la oía, no le dije nada.

Al día siguiente, la mujer me dijo que su hermano quería conocerme. Vivía en otra ciudad, de 220 millas de donde yo vivía.

Me sorprendí y le dije, "¡Pero ni lo conozco!"

Ella insistió y me pidió que le llamara. No tenía teléfono en la casa. Caminamos a un teléfono público y marque su número. Respondió y tuvimos una corta conversación. Me dijo que tenía dos hijas, y que estaba divorciado. Más tarde me escribió una carta donde me contó parte de su vida. Yo le respondí su carta, y también le conté parte de mi vida. Esas, cartas hasta hoy, todavía las tengo. Me dijo que pronto estaría de vacaciones del trabajo y quería visitar, a conocerme en persona. Estuve de acuerdo. Casi llegaba al pueblo en donde yo vivía y su carro se le descompuso. Lo puso en un taller para que se lo compusieran y llegó al pueblo en donde yo vivía, de rait.

En esos momentos la hermana estaba en la casa de una amiga, y ahí nos conocimos.

A los dos días estaba el carro compuesto y nos invitó a ir a recogerlo. Fuimos la hermana de él, mis hijos y yo. Cuando íbamos en el camino él me preguntó si sabía hacer enchiladas y tortillas y yo le dije que no.

Le dijo a su hermana, "Tú me dijiste que ella sabía hacer enchiladas y tortillas."

Lo que pasó es que yo le entendí mal. Yo entendí, si quería comer enchiladas. Después nos dio risa, le dije oh sí, sí sé hacer enchiladas y tortillas y otras cosas más.

Después de tanta risa nos llevó a comer y después a la tienda. Nos compró ropa a mis hijos y a mí. Uno de mis vestidos que me compró todavía lo conservo. Ya no me queda, pero lo tengo guardado.

Ese día él les dijo a mis hijos, "De aquí en adelante yo voy a hacer su papá."

Mis hijos, desde entonces le dicen papá.

Pasó sus dos semanas de vacaciones en el apartamento de su hermana, y cuando era tiempo de volver a casa, me pidió que nos fuéramos con él. Yo tenía miedo, no quería que me fuera a pasar otra vez lo mismo. Hablé con mi hermana Lucrecia.

Me dijo, "Cálale y a ver qué pasa, no te embaraces y si miras que no te conviene, pues te vienes otra vez a tu casa."

Nos fuimos con él.

Pagó para divorciarme, porque el que fue mi primer esposo ni siquiera quiso firmar el divorcio. Ya estando divorciada entonces me propuso que me casara con él. Me casé con él y al año tuvimos la última niña. Era un hombre de su palabra. Me sacó de la ayuda del gobierno y él se hizo responsable para mantenernos. Me arreglo los papeles y me hice legal aquí en este país. Hasta el tiempo en que yo hice este libro, tenemos 29 años juntos. Hemos tenido altas y bajas, como en todo matrimonio, pero seguimos juntos. Tres de mis hijos están casados, tenemos dos nueras y un yerno, tenemos 10 nietos y nietas adorados. También tenemos dos niños y dos niñas por parte de las hijas de mi esposo.

Capítulo 22

Su Final

Mi padre tenía problemas con sus piernas, por años. Un día, a los 92 años de edad, se cayó y lo tenían que operar de las piernas. De nada le sirvió la operación, porque ya no volvió a caminar. Rápidamente, después de eso, se fueron complicando otras enfermedades. Su mente ya estaba muy mal, y a veces ya no nos conocía. Cuando estaba malo nos tocó a Alfredo, Cástulo, y yo a cuidarlo. Otros hermanos y yo hicimos el viaje a México y lo ayudamos por una semana y media. Le daba su medicina, le daba de comer en la boca, lo cambiábamos de pañal, y ayudé a bañarlo. Pero siempre estaba en mi mente esos recuerdos tristes. Mi papá siempre fue un hombre con mucho orgullo. Siempre decía que el solo podía. Nunca pensó que podría llegar a viejo y no iba a poder valerse por el mismo. Nunca pensó, que algún día en su vejez, podría necesitar de alguno de sus hijos.

Mi papá fue un hombre que no conoció mucho. Nada más, dos ciudades cercas al pueblo, que en carro era como una hora para llegar, y otras dos ciudades un poco más retiradas. Su vida, su mundo fue ahí, en esa casa, en ese pueblo, en donde todos nacimos, menos Jaime. Él nunca salió a un viaje a pasearse. Esa casa en donde vivieron toda la vida, él la hizo primero unos cuartos, y después fue haciendo los demás con la ayuda de los hijos grandes. Fue y es, porque todavía está ahí, una casa humilde de adobe.

Una vez, cuando estaba en sus últimos días, estaba acostado en una cama que estaba junto a una pared. Él decía que lo retiraran de ahí, porque ahí estaba un barranco. También nos decía que le estaban jalando los pies. El doctor le puso el catéter conectado a una bolsa a su lado para que orinara. Cuando sentía la bolsa junto a sus piernas, él decía que ahí estaba la pistola.

Cuando estábamos ahí, por esa semana y media, mi mamá, Alfredo, y yo, dormíamos en el mismo cuarto en dónde estaba mi papá. Una de esas noches, cuando estaba durmiendo, y todavía ni salía el sol, me despertó un fuerte ruido en el lado de la cama dónde estaba acostado mi papá. Así como si se hubiera caído una piedra muy grande del techo. Me levanté. Fui y miré y no estaba quebrado el piso, no había nada. Mi papá, parece que no sintió nada. Mi mamá y Alfredo, se habían levantado más temprano, y andaban afuera de la casa.

Les pregunté, "¿Oyeron un ruido muy fuerte?"

Me contestaron que no. Ese ruido lo oí nomás yo. Mi mamá andaba frente a la casa dándole comida a las gallinas y mi hermano Alfredo andaba atrás de la casa.

A veces me acuerdo, y me pregunto, *¿Qué fue ese ruido?* *¿Porque oí eso?*

Paso la semana y media, y nosotros teníamos que venirnos a nuestras casas. Mi hermano Francisco, mi cuñada Sulia, y yo nos fuimos y vinimos juntos. Yo y mi hermano nos arrimamos a la cama en dónde estaba acostado mi papá, para despedirnos de él. Él estaba dormido, y en su cara se le notaba que estaba soñando feo.

Cuando mi papá estaba acostado, en aquella cama, ya sin poderse mover, iban a tener que pagar a alguien para ayudar a cuidarlo.

Fue entonces cuando oímos a, Refugia, esposa de Cástulo, qué dijo con voz alta, "Son muchos hijos y muchos nietos. Entre todos que cooperen para cuidar a don Severiano."

Mi padre nunca se ganó a sus nietos. Nunca los procuró.

Cuando oímos eso, mi hermano Francisco y yo nos metimos y le dije, "Oiga ellos tienen de dónde agarrar. Si no quieren gastar dinero vendan una tierra o algo."

Entonces dijo Cástulo, "Yo soy el sucesor de todo, y si yo no quiero, no se va a vender nada."

Hasta Cástulo se le quiso ir a los golpes a Francisco.

Yo una vez le dije a mi mamá, "A poco cree que Refugia y Cástulo la quieren a usted. No mamá. Quieren lo suyo, y nomás."

Ahí acabamos de comprobar que Cástulo se quiere quedar con todo, y los demás nomás los puros recuerdos de tanto que ayudamos a trabajar a mi papá y aparte las injusticias que hizo con nosotros.

Cuando ya nomás mi mamá y mi papá vivían solos en la casa y mi papá ya estaba enfermo, ya no tenía su mente bien. Una noche que estaban durmiendo, él se despertó mirando visiones.

Me platicó mi mamá que mi papá la despertó diciéndole, "¿Quién es ese hombre?"

"¿Cuál hombre? Aquí no hay ningún hombre. El único hombre que hay aquí eres tú.

"Te voy a matar maldita," le decía.

Dice mi mamá que se pudo zafar de él, y se fue a la casa de Cástulo. Entre la trifulca, no pudo, ni agarrar unos zapatos, y se fue descalza a las horas de la noche. Rodeo el arroyo, porque a los 90 años, mi mamá ya no podía subirlo. Le tocó suerte que mi papá ya estaba mal de sus piernas. Si no, la hubiera alcanzado y algo le hubiera pasado. Llegó tocándole la puerta a Cástulo, muy asustada. Le platico lo que le pasó con mi papá. Mi mamá y nosotros siempre estuvimos en peligro de él, aunque estuviera bueno y sano y en sus cinco sentidos. Con mi mamá, siguieron los maltratos, aún después por estar enfermo.

Llevaron a mi papá al hospital en junio del año 2013 porque lo tuvieron que operar del estómago. Fue inútil, ya no tuvo más remedio.

Decía el doctor, "El señor ya no tiene vida. Prácticamente ya debería estar muerto."

Mi papá se aferraba a la vida. Le cerraban los ojos y los volvía a abrir. Ya le habían llevado el padre, de la iglesia para darle los santos olios, pero no se quería morir. Al último le pegó un derrame cerebral y murió. Platica mi hermana Beatriz que, mi papá sufrió mucho para morirse. Sudaba mucho, pero estaba helado.

Cástulo y Beatriz estuvieron presentes cuando ya estaba en sus últimos momentos. Tenían largo rato allí. Les dio hambre y se fueron a comer. Cuando se fueron, se quedó una amiga de mi hermana. Al rato sonó el teléfono, y era la amiga qué les avisaba que ya había muerto mi papá. Murió sin estar nadie presente de la familia.

Platica la amiga, que lo miro sufrir tanto, que ella rezaba y le pedía a Dios que se lo llevara ya. Dice que, en sus últimos momentos maldijo a todos sus hijos en general y que bufaba como si fuera un animal. Nosotros estamos tranquilos porque sabemos que una maldición injusta, aunque sea de los padres, no alcanza a los hijos.

La Biblia dice en Proverbios, capítulo 26, versículo 2, "Como gorrión perdido y golondrina sin nido, la maldición sin motivo jamás llegará a su destino."

La amiga quedó tan mal de ver aquel sufrimiento, y de oír que maldijo a todos sus hijos, que ni pudo ir al funeral. Dice que todavía nomás se acuerda, se aterra, y se pone muy nerviosa.

Lo peor es que nunca se arrepintió.

Ya cuando él terminó enfermo, ahí acostado en una cama decía, "Ay Diosito, cuida de esta viejita."

Pues qué bueno que decía eso. Nunca antes lo había oído hablar así.

Cuando mi papá ya estaba muerto, platican que tenía una expresión de sufrimiento y todavía sudaba. Sudo tanto que lo tenían que cambiar de ropa. Lo volvieron a cambiar otra vez y tuvieron que ponerle un plástico debajo de la ropa, para que no se mirara mojado cuando ya estaba en el cajón.

Desde el principio que mi papá se enfermó, Cástulo lo puso en un hospital de gobierno, para no pagar. Y eso que mis papás lo prefirieron nomás a él. Aunque si mi papá hubiera estado capacitado para escoger a cuál hospital quería ir, hubiera escogido ese. Es un hospital que no tiene higiene, y se mantienen mal atendidos los enfermos. Desde que uno entra, da un olor feo. A veces pasaba uno por un pasillo, y en cada lado de las paredes había camillas con enfermos. Unos golpeados, unos navajiados y otros accidentados, pero todos sangrados. Había veces que tenía que pasar por en medio de los enfermos. A mí, en lo personal, me tocó mirar cuando una enfermera le puso una inyección a mi papá. La enfermera estaba llenando la jeringa y lo que le sobró, lo tiró en el piso.

En el baño era una suciedad total. En el cuarto nomás había una silla chiquita. No había, ni siquiera, un sillón por si un familiar se quería quedar con el enfermo, y poder dormir un poquito. Mi papá, tanto que trabajó y tuvo dinero y al último ni para atenderse sus enfermedades como es debido. Tanto que quiso a Cástulo, y miren en qué hospital lo puso. Dicen que tenía un cajón muy elegante. Fue entonces cuando se acostó en algo nuevo. Cuando ya estaba muerto. Todos pensamos que Cástulo compró el cajón, pero no fue así. Lo compro con dinero de mi papá. Si a mi papá en vida lo hubiera llevado a escoger el cajón, no hubiera escogido ese tan caro.

Ya después de que murió mi papá, Beatriz, a veces tenía a mi mamá en su casa y a veces estaba en la casa de ella. Cuando estaba en la casa de ella, Beatriz a veces le daba la vuelta a ver cómo estaba. Cástulo vive en frente de la casa de mi mamá y también estaba al pendiente de ella. No la dejaba que se quedará sola en la noche, pero cuando Cástulo no estaba en la casa, mi mamá dijo que mi cuñada Refugia, la esposa de Cástulo, a veces no le abría la puerta de la casa y la dejaba afuera. Cástulo no se dio cuenta hasta que mi mamá le dijo. Y eso que mi mamá siempre prefirió a esa nuera.

Cuando mi papá se murió, yo y otros de mis hermanos y hermanas no le lloramos. Yo he llorado mucho, pero de acordarme de la vida que nos dio tan triste. En el funeral nomas estuvieron Beatriz, Cástulo, Jaime, Lucrecia y Francisco. Los demás no fuimos. Faltamos cuatro, Alfredo, Juan, Leticia y yo, Rosa.

Juan no fue a verlo, ni cuando estaba enfermo. Yo me imagino, qué pensamientos se le vendrían a la mente a Jaime, cuando estaban enterrando a mi papá. Me platican que no lloro. Nomás estaba muy atento, viéndolo.

Una de las veces que Leticia fue al pueblo en donde nosotros vivíamos, le pregunto a mi papá, "¿Porque trataron tan mal a los hijos?"

Le contestó, "Yo nunca le falte el respeto a mi madre."

Le dijo mi hermana, "Yo no le estoy faltando el respeto a usted. Simplemente le hice una pregunta. Acuérdese una de tantas, la vez que arrinconó a Juan en ese rincón, y tuvimos que pedir auxilio a los vecinos para que se lo quitaran, y tantas otras veces que gritamos por auxilio. Acuérdese de tanto que lo golpeó."

Le dijo, "¿Cuándo mentirosa?"

Fueron preguntas sin respuestas.

Todos esos recuerdos que nos dejó y murió sin ni siquiera ver cómo vivimos y en qué tipo de adultos nos habíamos convertido. Tal vez pensaba, *Como los trate, con qué cara me les paró allá.* Nunca supo en dónde quedaron sus hijos.

Cástulo le puso la lápida a mi papá que dice haci:

"Tu partida nos ha dejado un gran vacío, pero siempre en nuestros recuerdos. Tu ejemplo nos hizo ser hombres de bien y tu amor nos dio fortaleza. Te recordaremos siempre."

Para mí, es mentira que su partida dejo un gran vacío y que su amor nos dio fortaleza. Nunca nos dio amor de padre. Pueda ser que Cástulo escogió eso porque nomas a él lo quiso, pero creo que se le olvido que también tiene hermanas, porque nomas menciono los hombres.

Capítulo 23

Secretos Que Se Llevó a La Tumba

Después de muerto, nos dimos cuenta que mi papá tuvo un hijo con otra mujer. Mis papás nunca nos dijeron que tenemos ese hermano. Estuvo con ese secreto por años. Ese secreto se lo llevó a la tumba. Mi mamá todo el tiempo sabía de ese hijo. A nosotros nunca nos ha dicho, y piensa que nosotros no sabemos. Nos dimos cuenta de ese hijo porque, mi papá, antes de morir, se lo platicó a su compadre, Don Raúl. Es el padrino de Leticia. Don Raúl le platicó a el esposo de Beatriz. Don Raúl y el son primos.

Después de la muerte de mi papá, Javier le preguntó a mi mamá, "¿Oiga Josefa, es cierto que Severiano tuvo un hijo con otra mujer?"

Mi mamá le contestó, "Sí, sí es cierto."

Mi mamá le dijo, "A esa mujer hasta la conocí. Era una mujer alta que se llamaba Adela." Javier le preguntó, "¿Cómo fue que usted la conoció?"

Le dijo mi mamá, "Porque Severiano me llevó a ese rancho."

Según, mi papá la llevó a ese rancho, para que se miraran las dos y demostrarle a mi mamá delante de ella que es a mi mamá a quién él quiere. Mi papá la quiso, pero para darle una vida de violencia, junto con todos los hijos. Ese hijo que tuvo, mi papá con esa otra mujer nació enseguida de Jaime. El primer hijo que tuvieron mi papá y mi mamá. No lo conocemos, no sabemos cómo se llama, no sabemos se está vivo o muerto.

Un año después que se murió mi papá, se buscó en el registro civil, a ver si aparecía otro hijo de mi papá. No hallaron nada. Ese hijo, la mamá no lo registró con el apellido de mi papá. Le puso el apellido de ella seguramente. Él fue un hijo no reconocido por mi papá.

Mi papá tenía medios hermanos que nosotros conocimos. Después de la muerte de mi papá, también nos dimos cuenta que mi papá tenía dos hermanas. Hijas del papá de mi papá. Nosotros no las conocimos. Esas hermanas y mi papá nunca se procuraron. Mi papá nunca las mencionaba. Según tengo entendido, una de esas hermanas ya murió. Me platica Beatriz, qué le platicó mi mamá, que una vez andaban ella y mi papá, en el pueblo en donde vivía una de ellas. Esa hermana tenía una tienda. Mi papá y mi mamá entraron a esa tienda, nomás para verla, pero mi papá no le dijo quién era. Así es de que la hermana no supo que el que entró a su tienda era su hermano.

Antes de que mi papá se enfermara, le gustaba platicar con un señor llamado Don Agustín. Dice Jaime que mi papá le platicó a Don Agustín cuánto dinero tenía en el banco y cuánto ganaba de interés. Un día, cuando Jaime estaba platicando con este señor, surgió la plática de mi papá. Don Agustín le dijo a Jaime cuánto dinero tenía mi papá, en esos años atrás, cuando mi papá le había platicado.

Después que mi papá murió anduvo Cástulo informándose de unos documentos de mi papá, y se topó con la gran sorpresa que en el testamento que dejó mi papá, hay dos. Cástulo pensaba que era solo él. Pensó que mi papá le dejó todo a él y resultó que hay otro o otra más. No sabemos quién es.

Capítulo 24

Francisco

Mi hermano Francisco se enfermó de repente y estuvo enfermo por siete años. Tenía enfermedad en el hígado y de ahí se le complicaron otras enfermedades, en el corazón, los pulmones y los riñones. Mi hermano estaba tan mal de salud, que simplemente que le pegara una tos o un resfrío, ya no se aliviaba y tenía que ir al hospital. Se cansaba mucho y juntaba agua en el cuerpo. Le tuvieron que poner una válvula en el corazón para salvarlo. Le pusieron una de marrano y su cuerpo la rechazó. Se la tuvieron que quitar y le pusieron otra de vaca. Esa la trajo por seis años y al último esa válvula se tapó. El doctor le dijo que podían mandarlo a otro hospital y operarlo a corazón abierto para que pueda durar otros días más, pero de todos modos ya no se iba salvar porque tenía otras complicaciones.

Francisco ya no quiso que le hicieran nada. Ya estaba cansado de estar sufriendo su enfermedad. Últimamente que se enfermó, estuvo en el hospital una semana y media y lo mandaron a la casa un poquito recuperado. Estuvo otra semana en la casa, y después se puso enfermo otra vez. Lo llevaron al hospital, donde estuvo otra semana, ya más y más enfermo. Del hospital lo mandaron a la casa. Los doctores ya no podían hacer nada por él. Del hospital salió un sábado a las cinco de la tarde y murió el domingo, el 26 de Abril de 2015, a la una de la mañana. Tenía 59 años de edad. Mi hermano estuvo consciente, desde que estaba en el hospital, hasta el fin de su muerte. Tuvo una muerte tranquila.

La última vez que mi hermano miró a Leticia, tuvo una discusión con ella por culpa de mi mamá.

Dice Leticia, "Yo no le contesté a Francisco ni media palabra."

Leticia había ido a comer a un restaurante y después le llevó una hamburguesa a mi mamá.

Cuando llegó a la casa le dijo, "Mamá, aquí le traje una hamburguesa. Cómasela antes de que se enfríe. Aquí se la dejó en la mesa," y mi hermana se fue.

Al rato, llegó Francisco y preguntó por Leticia.

Mi mamá le dijo, "Sí, ahí vino y me aventó la hamburguesa y se fue."

Si mi hermana la hubiera aventado, como mi mamá dijo, hubiera quedado la hamburguesa desbaratada.

Mi cuñada Sulia, le preguntó a Francisco, "¿Tú la viste que le aventó la hamburguesa?" Le contestó Francisco, "No. Mi mamá me dijo."

Mi cuñada le dijo, "Francisco tú sabes bien cómo es tu mamá. No tienes porqué enojarte con Leticia."

Dice Leticia, "Si yo hubiera sabido que esto iba a pasar, mejor no le hubiera llevado nada."

Francisco, después se dio cuenta que él estuvo mal con versé enojado con Leticia. Mi hermano, antes de irse al hospital por última vez, como que presentía que sus días estaban contados. Le habló a Leticia por teléfono.

Dice Leticia, "Me habló muy bien. Platicamos un rato, y se oía contento."

Mi hermano tuvo tiempo para arrepentirse. Nos pedía que rezáramos por él. Se confesó con el padre de la iglesia, y pedía perdón a su esposa, a sus hijos, a sus hermanas y hermanos. Tuvo una muerte tranquila.

Mi mamá también estuvo ahí en los últimos días de mi hermano, y ni siquiera le dijo, "Mijo perdóname."

Nomás esas dos palabras se necesitaban ahí, que las oyera mi hermano. Por eso mi cuñada no quería a mi mamá que fuera a la funeraria.

Cuando mi hermano murió y ya se lo habían llevado a la mortuoria, estábamos toda la familia ahí en casa de mi cuñada. De rato surgió la plática de cuando vivíamos con mis papás. Entonces mi cuñada dijo que no quería a mi mamá ahí. Dijo que miro muchas cosas que le hicieron a Francisco y sufrió mucho por eso. Lucrecia no respetó su decisión y al siguiente día llevo a mi mamá a la funeraria.

Mi cuñada otra vez les dijo, "Les dije que no la quería aquí."

A lo mejor si Lucrecia le hubiera dicho a mi cuñada, "¿Por favor puedo entrar con mi mamá?," a la mejor hubiera cambiado todo.

Todo esto pasó porque mi mamá no se arrepintió con Francisco. Ni porque lo miró que ya se estaba muriendo. Mi cuñada miró tantas cosas que mis papás le hicieron a Francisco, y aún después de casados. Mi mamá a veces se arrimaba a la cama en dónde estaba acostado Francisco, y él le extendia la mano tratando de abrazarla. Ahí era para que mi mamá le hubiera dicho, mijo perdóname o discúlpame. Mi mamá sabe los maltratos qué le dieron a él, como a todos los hijos que tuvieron. Uno no necesita mirar un hijo que se está muriendo para pedir perdón. Uno lo puede hacer desde mucho antes. Para mi mamá, pedir perdón parece ser como si fuera una ofensa para ella. No se arrepiente de tanto daño que nos causaron.

Mi hermano no parecía que le demostraba rencor, pero yo creo que, en el fondo de su corazón, sí estaba dolido por lo que le pasó a él y a todos sus hermanos y hermanas. Una vez en una plática que tuvimos yo y él, surgió la plática de mis papás.

Nos acordamos de los maltratos que sufrimos por ellos, y me dijo, "Mi mamá ya está viejita."

"Sí.," le dije, "Pero su mente la tiene bien. Es tiempo de que se arrepienta. Nosotros éramos niños y no teníamos protección por ella."

Me dijo, "Sí. Es que sí hicieron cosas muy fuertes con los hijos, y lo que hicieron con Jaime y Leticia todavía más peor.

Capítulo 25

Juan

En los días antes de que mi hermano muriera, nos juntamos todos los hermanos y hermanas. Nomás Cástulo y Jaime faltaron. El día que mi hermano Francisco murió, yo estaba en mi casa con mi hermano Juan, mi primo David, y mi esposo. Acabamos de almorzar y nos quedamos platicando, cuando de repente, a mi hermano Juan se le voltearon los ojos. Se hizo colorado y morado, y estaba temblando. Sus brazos estaban duros y temblorosos. Cuando estaba a punto de caerse de la silla, mi primo lo agarró y lo arrastró hasta la sala. Abrimos la puerta para que le pegara el aire. Mi primo lo auxilió. Yo pensaba que le estaba pegando un ataque al corazón o que se estaba ahogando con la sangre que le salía de la boca. Me asusté mucho.

Yo no le pedía a Dios, yo le gritaba a Dios, "¡Dios mío ayúdalo!"

Corrí a buscar el teléfono, pero estaba tan asustada y temblando que ni podía marcar el número de emergencia. Mi esposo me quitó el teléfono y llamó. Cuando la ambulancia llegó, mi hermano ya estaba volviendo. Él no sabía qué estaba pasando. No nos conocía.

Cuando estaba en el hospital su mente todavía no estaba bien. No sabía por qué estaba ahí. Le preguntábamos qué pasó en casa de Francisco.

Decía, "Estábamos ahí y había mucha gente."

Le preguntamos, "¿Y por qué estaba esa gente ahí?"

Dijo, "No sé qué celebraban."

Él no se acordaba que Francisco estaba muerto.

Me decía, "Ahorita vamos a casa de Francisco."

El doctor ya sabía que había pasado con su hermano y le dijo, "Tu hermano está muerto."

Parecía como si esa era la primera vez qué le daban la noticia.

Comenzaron a rodársele las lágrimas, y preguntaba, "¿Cuándo se murió?"

Le dije, "Ahora a la una de la mañana."

Dijo el doctor, "Esto que le pasó fue un ataque epiléptico. La sangre que le salía de la boca era porque se mordió la lengua."

Nosotros ya teníamos años notándole que platicaba algo, y al rato volvía a decir lo mismo otra vez. Le dieron papeles para que se fuera con su doctor que lo estaba atendiendo antes para que le hagan estudios en la cabeza. El doctor preguntó si había tenido golpes en la cabeza cuando era niño. Yo le dije que sí. Me acordé que mi papá lo golpeó en la cabeza con piedras algunas veces que hasta lo llegó a desmayar.

Conclusión

Pasamos una niñez muy dura y muy triste. Maltratados, muy humildes y muy trabajados. No tenía que haber sido así, pudiendo vivir una vida cómoda. Estábamos tristes porque queríamos que nos hubieran dado una vida mejor. Que nos hubieran tratado como niños amados. Queríamos el amor, el apoyo de nuestros padres. Mi papa no era extremadamente rico, pero sí tenía para que nos hubiera dado una vida mejor. Al último se murió y ni él disfruto de su dinero.

A partir de la conclusión de este libro mi madre todavía está viva a los 93 años. Ella vivió la mayoría de su vida con golpes, insultos, maldiciones y gritos de mi padre. Mi mamá, aun así, lo aguantó hasta que se murió.

Sólo Jaime, Cástulo y Beatriz siguen viviendo en México. El resto de mis hermanos y yo ahora estamos viviendo aquí en los Estados Unidos, y todos nos hicimos legales menos Jaime. A él le toco la mala suerte que perdió los papeles y no los ha recuperado. Mi padre sabía que vivíamos aquí, pero nunca supo cómo vivimos. Nunca vino a vernos. Es triste que lo único que nos dejó son recuerdos de maltratos. No lo podemos recordar de otra manera. Las veces que he soñado a mi papá, siempre esos sueños son amarrando a Jaime y golpeándolo. Hubo veces que despertaba llorando. A Jaime lo sueño como cuando era niño, no de grande cómo está ahora.

Todos esos recuerdos que nos dejó, se me vienen a la mente. Quisiera que se borraran, pero es imposible. Esos recuerdos van a estar conmigo por siempre. Me hubiera gustado que hubiéramos sido una familia feliz, pero no fue así. Todo lo contrario, nunca sentimos el amor de ellos. Desde que nos vinimos para los Estados Unidos la mayoría de los años la hemos vivido sin ellos. Una vez dure 12 años sin verlos. Cuando he estado en la casa de ellos, peor se me vienen esos recuerdos a la mente.

Yo pienso que mis papás, todo el tiempo, necesitaron ayuda psicológica, junto con todos nosotros, o una consejería matrimonial, aunque ellos nunca hubieran reconocido que tenían un problema. Como no mirábamos televisión en aquellos tiempos, porque no había, no estábamos informados de nada de lo que pasaba en el mundo. Nomás de lo que vivimos nosotros. Aquí en la tierra nunca hubo justicia. Allá, con la justicia divina espero que Dios haya tenido misericordia de él. Aunque fueron como fueron, no dejan de ser nuestros padres. Si mi papá se hubiera arrepentido antes de morirse, si hubiera pedido perdón a sus hijos e hijas, una disculpa o algo, nosotros lo hubiéramos perdonado y lo hubiéramos disculpado. A pesar de tanto sufrimiento que pasamos, tenemos que dejar el pasado atrás. Tenemos que estar dispuestos a olvidar.

Yo, Rosa, le pido a Dios que me sane de todo el daño causado por la tensión y el abuso de mis padres, y el que fue mi primer esposo y el abuso de esas otras personas. Pido tu gracia Dios, para sanar todas las circunstancias en donde no logré recibir el amor, el afecto, el apoyo de ustedes. Por un acto de mi libre voluntad, elijo perdonar a todos. Incluyendo a las personas que más me lastimaron. Le pido a Dios que limpie mi subconsciente y lavé mis pensamientos con la pureza de su amor infinito. Me perdono mis errores y fracasos pasados. Pido ser liberada de todas las circunstancias destructivas, culpabilidad y vergüenza. Me he liberado de los deseos de recibir una disculpa. Denuncio todas las formas de ira, amargura, y resentimiento. Que tu mano sanadora repose sobre mí mientras bendigo a todos los que me han herido. Deseo ser buena y compasiva con cada uno. Estoy dispuesta a perdonarlos tal como tú me has perdonado. Pido que el poder sanador de tu amor fluya a través de cada célula de mi cuerpo y que tenga misericordia de todos los que he perdonado. Te pido Dios que me limpies de toda negatividad que haya adquirido por el abuso de estas personas. Permito que el amor y el perdón de Dios fluyan en mi corazón y lo limpie de todas las maldiciones, resentimientos, negatividad y todas las experiencias traumáticas pasadas.

Tenemos en la mente un pasado de abuso que nos persigue hasta el presente. Le pido a Dios que me devuelva la plenitud de mis emociones reprimidas, de modo que pueda ser liberada, porque guardar el rencor no es bueno. Eso nos hace daño a nosotros mismos. Quisiera que se me borren todos esos recuerdos. Hacer esta historia, recordar cada cosa con detalles fue muy fuerte para mí, pero yo pienso que esto me va a ayudar. Pienso que ha sido como una terapia para mí, sacar todo lo que traigo adentro. Decirlo.

Es posible que no sepamos perdonar, y también que no queramos perdonar, sin embargo, tenemos que decir que estamos dispuestos a hacerlo. Hacerlo principia el proceso de curación para sanarnos. Es importante que nosotros dejemos el pasado y que perdonemos. Los perdonamos por no ser los padres como nosotros queríamos que fueran, los perdonamos y los dejamos libres. Quien se libera con esta afirmación somos nosotros.

Todo esto que pasamos es increíble pero cierto. Durante años vivimos una vida que no elegimos, al lado de alguien que nos hicieron pasar lo peor. Le damos gracias a Dios porque sobrevivimos.

En una ocasión escuché una frase que me pareció muy sabia, que dice así: Si tuviste unos padres buenos, dale gracias a Dios y haz lo que ellos hicieron, pero si tuviste unos padres malos, da gracias a Dios, porque Dios nos dio la vida por medio de ellos, pero no hagas lo que ellos hicieron.

Hacer esta historia no fue fácil para mí. Hubo veces que no me podía dormir bien y me sentía mal. Me sentía nerviosa y como que tenía una temblorina por dentro. Me imagino que es por estar reviviendo todos estos recuerdos en mi mente, que parece que fue ayer. Muchas veces lloré. Dice mi hermana Beatriz que ha soñado a mi padre ahora después de muerto y que le dice que tiene mucho frío.

Les doy las gracias a los hermanos y hermanas que me apoyaron, y que estuvieron de acuerdo conmigo en hacer esta historia. También le doy gracias a Dios que estaba con nosotros en cada momento y que nos permitió sobrevivir tanto peligro, maltrato, miedo, y violencia.

Complemento

Mi madre murió cuando este libro casi estaba terminado. Un día que mi madre estaba sola en la casa de ella, andaba afuera y se calló. Allí estuvo tirada gritando, hasta que un vecino la oyó. El vecino fue y le dijo a Refugia. Refugia fue a ver que paso, y llevaron a mi madre al hospital de la ciudad. El doctor le encontró unas costillas fracturadas.

Después que salió del hospital, Cástulo pago una señora para que ayudara a cuidarla. La señora la cuidaba en la casa de ella. Allí duro más o menos dos meses. Después Cástulo ya no quiso pagar. Aunque el dinero que estaba pagando era de mi madre. Recogieron a mi madre, y la cuido Refugia en la casa de ella. Más o menos duro allí veinte y dos días. Aunque no era la obligación de Refugia, cuidarla. Por eso se le estaba pagando a la señora.

Mientras mi madre estuvo con Refugia, mi madre se enfermó. La llevaron a la ciudad, a un hospital. El doctor encontró problemas en el corazón y otras complicaciones. Después que salió del hospital, se volvió a quedar en la casa de Refugia.

Refugia le platico a Beatrice que un día, A mi madre, hacia ratito que Refugia le había dado comida. Después se acostó en la cama. Refugia andaba en la cocina cuando mi madre le grito que la ayudara a levantarse, porque quería ir al baño. Fue Refugia y la ayudo. La sentó en una silla de ruedas, y la ayudo a sentarse en la tasa del baño.

Cuando se iba levantar Refugia le dijo, "agárrese bien."

Allí quedo mi madre desvanecida en los brazos de Refugia. Parece ser que le pego un infarto al corazón. Después quedo mi mama en el piso mientras que Refugia les grito a los vecinos por auxilio y llamo al doctor. El doctor llego rápido y la examino.

Dijo el doctor, "No se puede hacer nada. Está muerta."

Era un día lunes, 21 de Noviembre, 2016, más o menos a las cuatro de la tarde. Murió igual que mi padre, un día 21. Nomás diferente mes y año. Todo esto lo supimos porque Refugia le platico a Beatriz.

Un día antes de su muerte, estuvo diciendo repetidas veces, "Dios mío, ayúdame."

En otro día, en su mente, según ella, estuvo platicando con su hermano Raúl, que ya tiene varios años que murió. Mi madre tuvo una muerte repentina y le doy gracias a dios que no sufrió. Murió con quien ella más quiso. Ni Refugia ni Cástulo nos avisaron a nosotros que había muerto. Nosotros lo supimos por otra persona.

Todos mis hermanos y hermanas viajaron a México, para estar presente en esos momentos. Nomás yo, Rosa, no pude ir porque yo no estaba en mi casa. Estaba en el estado de Virginia y me fue imposible asistir.

Jaime nomas miro a mi madre en la funeraria. No estuvo presente en la misa, ni en el entierro. Se le respeta su decisión. Solo él sabe que pensamientos se le vendrían a la mente en esos momentos. Juan y Verónica, esposa de Jaime regresaron al cementerio un día después que la habían sepultado y junto a la tumba estaba un vaso con vino que Lucrecia y su familia habían dejado.

La última vez que yo mire a mi madre, yo le pregunte si podía yo recoger mis retratos, que están en la casa de ella. Esos retratos son de mis hijos cuando ellos eran niños.

No me dejo y le dije, "Un día, de repente, usted pueda que muera y esos retratos se van a quedar o se van a perder."

Ahora que mi mama murió, yo le encargue a mi hermana Leticia que me hiciera el favor de recogerme esos retratos. Cástulo no le quiso dar la llave para que entrara a la casa.

Le dijo, "Allí no hay nada. Si te arrimas a la casa le voy a llamar a la policía."

Pero a Lucrecia, si la dejo entrar. Hasta se trajo cosas viejas de allí. Yo nomas quería mis retratos.

Allá en México hay tumbas donde hacen un cajón de cemento abajo del oyó en donde ponen el ataúd adentro y luego le ponen una tapa de cemento. El ataúd queda intacto y no toca tierra. Así está enterrado mi padre.

Antes de que mi madre muriera, dejo dicho que quería que la enterraran junto con él. Mi madre quería que la caja de cemento, con el ataúd de ella, la pusieran encima de la de mi padre, para que quedaran los dos en la misma tumba. También dejo dicho que quería música de mariachi en su funeral. Cástulo no quiso. Ella fue enterrada aparte en otra tumba y sin música. Así es que su hijo preferido ni siquiera le concedió sus últimos deseos.

Biografía

Teresita Luevano es de un pequeño pueblo del estado de Chihuahua, México, llamado La Paz. Ella emigro a Los Estados Unidos en el año 1979 y ha formado su familia con su esposo, Carlos. Tiene dos hijas, dos hijos, y dos hijastras. Ahora ella reside en el estado de Nuevo México.

Photos/ Fotos

The river that crossed through our town.

El rio que cruzaba por nuestro pueblo.

The well behind the house. If you look closely you can see the top of the house in the upper left.

La noria de la casa del pueblo. De este punto de vista se alcanza ver un poco de la casa en la parte superior izquierda.

The other well on one of my father's properties.
La noria del potrero.

The tree in front of the house where my father would leave Jaime tied up.

El arbol que esta junto a la casa, donde mi padre amarraba a Jaime.

The room were the bridals and saddles were stored. Jaime was also beaten and locked up in this room.

El Cuarto donde alzaban la guarnición de los animales. Ahí también amarraban y golpeaban a Jaime.

The room we called "The Gallera" where we stored beans and corn.
El carto de la galera donde alsaban maiz y frijol.

The wood stove that we used for daily cooking.
La estufa de leña que usábamos para hacer la comida.

The windows behind the house where my brothers would go check if my father was home and where the mariachis would serenade Leticia.

Las ventanas detrás de la casa donde iban mis hermanos a ver si mi padre estaba en la casa, y donde los mariachis le daban serenata a Leticia.

The outside of the the room at the pasture.

El cuarto del potrero.

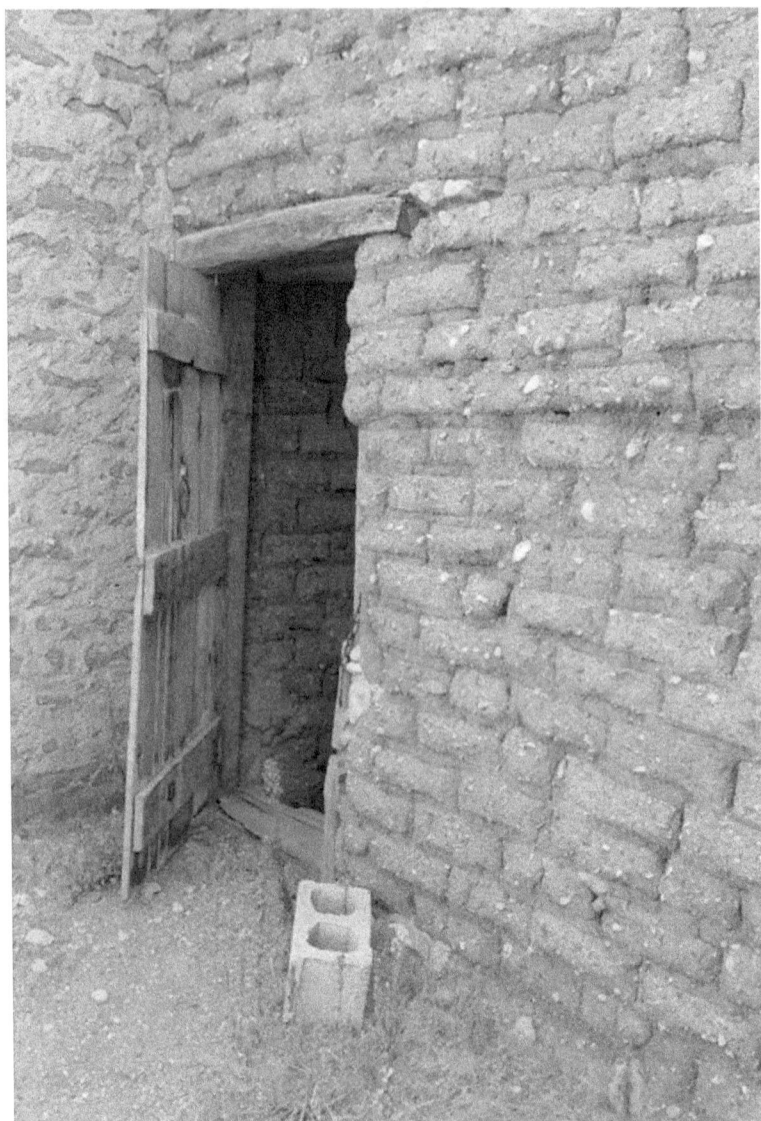

The door in the corral where I would sit outside and talk to Jaime.

La Puerta del cuarto del cuarto de la pastura donde me sentaba y hablaba con Jaime.

The light post in front of the house where the cow and donkey became entangled.

El poste de la luz donde se enredaron un macho y un burro.

The house we grew up in.
La casa en donde vivillamos.

The door on the left leads to the big corral.
La Puerta del corral grande.

One of my father's properties that we would farm.
Una de las tierras del potrero.

One of my father's properties that we would farm.
Una de las tierras del potrero.